今、出版が面白い

——史実を本で残そう

手塚　容子

善本社

千代田区神田神町ブックフェアーにて本を販売する著者。

時には自費出版に人気が集まることも。

出版記念会で司会をする著者。

はじめに

あなたは自分の名前で、本を出したことがありますか？

あなたの学校や企業では、年史やPR誌を団体名義で発行したことがありますか？

この本は、いままで一度も出版したことはなくても、そのうち、自分の名前または所属する団体の名義で、本を出したいと考えている方々のために書いた「出版の手引書」です。

私は現在、出版社に勤めています。わが社が数年前から設置した「出版サービスセンター」で、自分の著書を出版した方は、みなさん例外なく喜んでいます。ある人は「うれしくて、できた本を抱いて寝た」そうです。またある人は、その出版がきっかけで、講演を依頼され、またある人は、自分の企業をより深く知ってもらえたと大喜びです。携帯電話の普及で、会話で用を足すことやメールを使い、短文で終わってしまう時代だからこそ、ゆっくり一冊の本に取り組み、完成するとうれしいのです。

こうしたうれしい気持ちを、まだ一度も経験されていないあなたに、ぜひ味わっていただきたいという気持ちをこめて、私はこの本を書き始めました。

本はすばらしいものです。私たちの生命がこの世から消え去った後でも本は残ります。会社や学校の後輩のために、また愛すべき子や孫のためにも、本は残すことができます。

この本があなたの本づくりに、少しでもお役に立ちますよう願っております。

平成十八年四月

手塚容子

〔目　次〕

はじめに……5
第1章　短文をつくることから
まず短文の練習から……14
子供のときから作文好きにするために……19
第2章　いつ、なにを書くか
自分の文章が活字に……22
本になる喜び……24
なまやさしい気持ちで始めない……25
それはあなたにしか書けない……26

第3章　ふだんから本に親しむ
プレゼントに本を……32
知識と精神の糧……33
本を持ち歩く……35
本屋に足を向ける……38
本屋の街・神田……40
「読書尚友」の楽しみ……41
第4章　情報を集める
情報、いろいろなルート……46
テレビ、ラジオなどから……50
図書館での資料調べ……50
図書館の利用の仕方……51
情報の整理……55

ホワイトブックの利用……56
チームでの情報集め……58
読み終えた本、雑誌、新聞の捨て方……60

第5章　実際に書いてみる

怠けていては文章にはならない……64
どう書いたらよいか……66
対象を考えて書く……68
夏目漱石の発想……70
ペンは友達……72
作家から学ぶ文章のつくり方……73
なにを書いたらよいか……76

第6章　書き方のルール

原稿づくりは省けない……82

書き方のルール……83
文体は統一する……89
焦点を定める……92
実用文と芸術文……93
翻訳する場合……95
話し言葉と文章言葉……98
楷書で正確に書く……100
タイトルの書き方……101
写真・図版の入れ方……103
注目される「序文」「目次」……107

第7章　本ができるまで

本のつくり方……112
本ができるまで……115
判型＝紙の大きさ……121

目次

第8章　良心的な出版社を見つける

インチキ出版社もある……124
自分で普及に心がける……127
見積もりをとる……129
よい本は読者を変える……131

第9章　自費出版のいろいろ

自費出版の常連……136
記念誌、郷土史、伝記もの……139
職業を生かして……149
趣味の本はいかが?……155
善本社の扱う自費出版物……163

あとがき……171

第1章　短文をつくることから

まず短文の練習から

愛読者カード　長い文章を書く前に、まず短文から練習することです。メモ、日記をつける筆まめの習慣をつけるいい方法です。

短文を練習する一つの方法に、愛読者カードに取り組む手があります。新刊本のなかに、必ずと言っていいほど「愛読者カード」というものがはいっていますが、そのカードには、必ず申し合わせたように、読後感を求め「今後の出版希望をお書きください」とあります。これにこたえて、この愛読者カードに感想などを書きこみ、出版社へ送ることは、短文の練習にとてもよいものです。

出版社では、送られてきた愛読者カードのなかから優れたものをピックアップして、本の帯やチラシに紹介することもあります。

手紙を書く　遠くの親類やお友だち、先生、知人に、折にふれて手紙を書きましょう。手紙を書くことは、自分の考えや言おうとすることを、相手に上手に伝える練習になります。文章の組み立てなど、いろいろ工夫するからです。これは文章を伝えるのに重要なことです。メモや日記は、人に見せるものではありませんが、手紙は先方に用件を伝えるためのものであり、その内容が相手に伝わらなければなんにもなりませんし、返事をもらうこともできません。このような意味で、まめに手紙を書くことは、文章を書く練習に大いに役立ちます。

私が中学生のころ「文通」がはやり、クラスの四分の一ぐらいの人がペンフレンドをもっていました。

先日ある週刊誌を見ていましたら「詩や俳句の好きな人、お便りください。私は旅行の好きな、シルバーグレーの男性です」というのが載っていました。趣味の合った者同士の文通は、きっと楽しいものでしょう。

会社に入れば、いやでもビジネスレターを書かなくてはなりません。封書でもはがきでも、それは会社を代表して書かれたものと、相手は受けとっています。文面によっては先方に気に入られ、販売増に通じるとか、取引がスムーズにいったとかということもあるでしょう。顔が見えない、声も聞けない、文字だけのやりとりですから、慎重に用字・用語を選んで書くことです。

業務用の手紙には取引の文書、商品の受け渡し、金銭の支払いに関するものなどがあり、ビジネスマンなら書かなくてはならないものでしょう。

用件は簡潔に、明確に、失礼のないよう文案を練ることももちろん必要ですが「どう書けば先方の方にわかってもらえるか」の練習を積むこともまた必要です。

年賀状や寒中見舞い、暑中見舞いなどは、大方のだれもがやりとりしていることでしょうが、これ以外にも、カルタ会に招く・結婚を祝う・結婚の通知・出産を祝う・出産の通知・初ひな・初節句を祝う・長寿を祝う・銀婚式・金婚式を祝う・入学式・卒業式を祝う・入学の通知・卒業の通知・開店祝い・災害見舞い・病気の通知・転居の通知・恩師や友人に近況を知らせる・旅行やハイキングに誘う・音楽会・映画・スキー・プロ野球観戦の勧誘状など、手紙もいろいろな内容で書けそうですね。

あなたの個性を生かした手紙を工夫しましょう。ペンをもつ習慣をつけるため、大いに手紙を書くことです。

なんでも興味の目で見る　毎日を、興味をもって暮らすことは、文章を綴《つづ》るうえでも大切なことです。たとえば新聞を読むときには、「きょうは一行でも、興味を起こさせる文章を探してみよう」と思って読んでください。広告のなかに、そのひらめきを感じるかもしれませんし、コラムのなかにも対象があるかもしれません。人物紹介欄に、思いがけない文章を見つけることもありましょう。参考になる文章、記事はないかと、その気で見ることです。

通勤電車のなかには、週刊誌、催し物の案内など、いろいろな中づり広告がさがっています。そしてその広告の大きな活字にも、多くの工夫が凝らされています。そのなかから、自分の文章に通じる着想が浮かぶこともあるはずです。

また人の話は、注意深く聴くと楽しいものです。きっと文章を書く良い材料を得ることができます。自分ばかり話して、相手にしゃべらせないのでは、相手からなにも聞き出すことはできません。テレビを見るときやラジオを聴くときも、興味をもって見たり聴いたりすることです。そして、ハッとするようなすてきな話に出会ったときは、必ずメモをとることです。なぜかと申しますと、そのときはわかっていても、時がたつと意外と忘れるものですから。有名な評論家・故大宅壮一さんは、何冊も手帳をもっていて、街頭でよくメモをとったということです。メモは、あとで思いだすときの手引になります。

メモをとったら、後刻整理することを忘れないでくださいね。せっかく集めたメモも、整理されていなければ、いざというときに使えず、ためただけの結果に終わってしまいます。そうなってはもったいないからです。メモの整理については、「情報の整理」の章でもとりあげます。

新聞・雑誌に投稿する

メモをとり、日記をつけるだけでは、発表の場がありません。

それでは、一番簡単に自分の意思を発表できる場所はどこか？　それは新聞や雑誌に投稿することです。新聞や雑誌をごらんになればわかりますが、どの新聞・雑誌にも、必ず投稿欄があります。

投稿欄を担当している人の話によりますと、投稿規定というものがあり、投稿する場合、決められたものより字数が多くても少なくてもいけないし、またそのなかに、一字でも誤字があると、たとえ内容がよくても選ばれる対象からはずされることがあるそうです。

自分の投稿が新聞紙上や雑誌に掲載されたときは、大変うれしいものです。日本全国に行きわたっている新聞や雑誌に載ったのですから、うれしいはずです。それに原稿料も送られてきます。

私の文章がはじめて新聞の投書欄に載ったのは、私が高校生のときでした。うれしくて、あちらこちらの親類に電話して、読んでもらいました。そして送られた謝礼は、自分ではもったいなくて使えず、両親にあげました。両親も大変喜んでくれたことを、いまでもはっきりと覚えています。

投稿するときには、自分で綴った文章を手元に残しておきましょう。そして、紙上に掲載された文章と読み比べてみます。要らない言葉が直されていたり、文章の組み立てや表題が変わっていたりするときがありますが、一流の編集者によって手を入れられるのは、自分の文章の上達に大いに役立つものです。

子供のときから作文好きにするために

子供の作文をけなさない　小さいときから作文を書くことも大事なことです。ある作家の息子が、小説らしいものをつくり、お父さんに見せたそうです。その作家は子供の作品を読んで大笑いをし、「こんなんじゃだめだ」と言いました。その子供はそれ以来、「小説」を書かなかったということです。同じような話を、有名な新聞社に勤めている編集者から聞いたことがあります。

「ぼくの息子が作文を書いて『お父さん、これ読んで……』ともってきたとき、私は赤鉛筆で、真っ赤になるまで文章を直してやったんだ。『作文の時間のたびにもっておいで。直してあげるから』と言って、その後毎回、やはり真っ赤になるまで筆を入れたんです。そうしたら息子は、作文の時間が大嫌いになり、『ぼくは絶対編集者にはならない！』と言って、やはりもの書きにはならなかった」

子供が書いた作文をいきなりけなしたりしたら、その子供の創造力の芽を摘んでしまうことになりかねません。たとえ社会的に一流の作家や編集者から見て、それがつまらない作品でも、子供が書いたことに対して、文章を綴った創造力に対して、なぜ褒めてあげなかったのでしょう。もし子供さんが作文を書いてあなたに見せ、それが少々まずくても、あなたは決して出はなをくじいてはいけません。少しでも褒めてあげれば、子供は喜んで、また新しい創造力を発揮することでしょう。書くことは語彙《ごい》表現が増えることです。また意味を大切にとらえるために辞書をひく習慣も身につきます。多くの作文を書くことが、文章表現を豊かにする秘訣なのです。

テレビ、ラジオのなかで、小学生の子供が中心になって作文を元気に読みあげるコーナーがあります。このような番組は、子供の作文をつくり、朗読する発表の場として、良い番組の一つだと私は思っています。そして、このような番組に子供を出してあげることも、子供にとっては、作文が好きになる一つの道でしょう。

第2章　いつ、なにを書くか

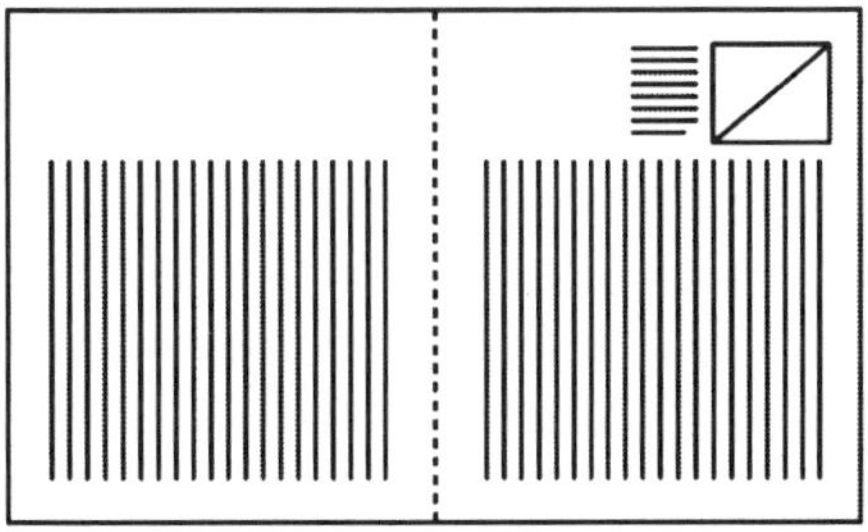

自分の文章が活字に

自分のつくった文章が活字になったときの喜びは、それが学校から発行されている文集でも、新聞の投書欄でも、大変なものです。

私も小学生のとき、学校で発行している校内誌に、家で飼っていた犬のことを書いた作文が載りました。また高校のときには、わがクラスを紹介した文章が、卒業アルバムのなかで活字になりました。大学生のときには、ある雑誌社の「晴れ着について」というテーマで行われた座談会に出席したことがあります。そのときは自分の話を活字にしてもらったうえ、顔写真まで載せてくれるというので、美容院にまでいって出席しました。出来上がった雑誌を見たときは、うれしさと、恥ずかしさでいっぱいだったという思い出があります。

自分のつくった文章が活字になると、なんとなく捨てるのがもったいなくて、私は小学生のときから、ほとんどファイルしています。しかしこれも、あまり数が多くないので、できたことでしょうが……。

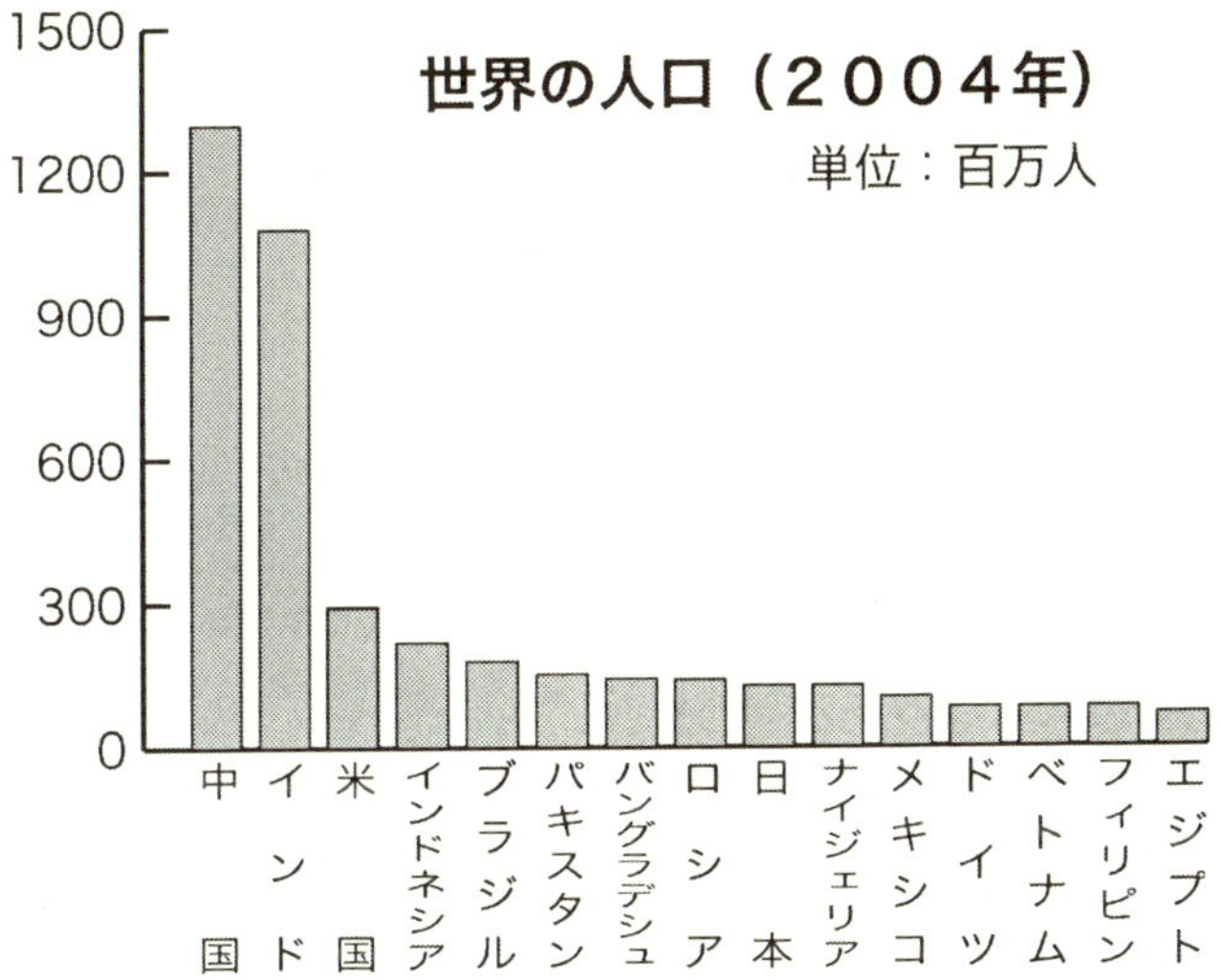
世界の人口（２００４年）
単位：百万人
1500
1200
900
600
300
0
中国
インド
米国
インドネシア
ブラジル
パキスタン
バングラデシュ
ロシア
日本
ナイジェリア
メキシコ
ドイツ
ベトナム
フィリピン
エジプト

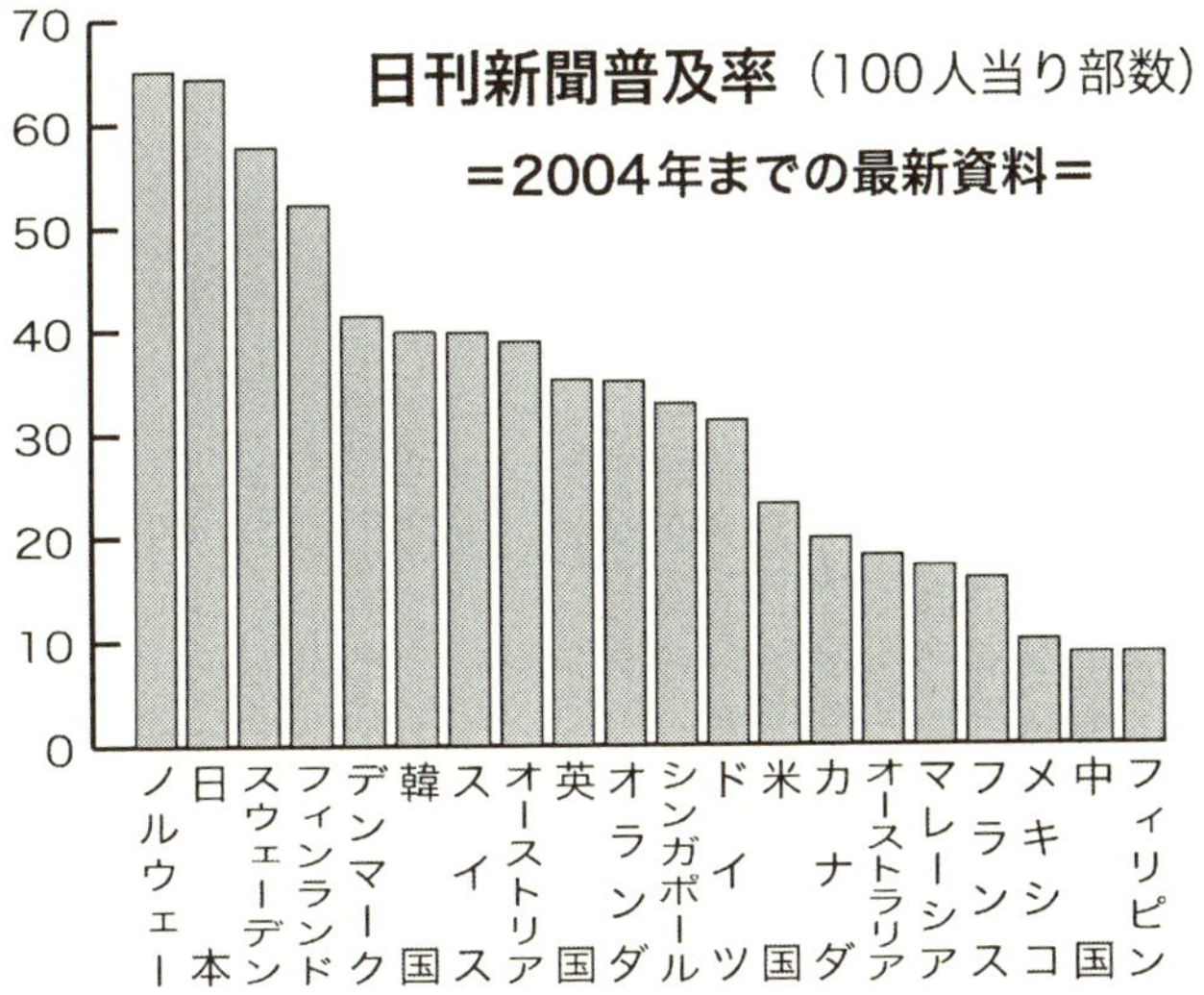
日刊新聞普及率（100人当り部数）
＝2004年までの最新資料＝
70
60
50
40
30
20
10
0
ノルウェー
日本
スウェーデン
フィンランド
デンマーク
韓国
スイス
オーストリア
英国
オランダ
シンガポール
ドイツ
米国
カナダ
オーストラリア
マレーシア
フランス
メキシコ
中国
フィリピン

本になる喜び

わが国は世界中で一番新聞の種類が多く、人口百人当たりの部数も世界一、二（前ページのグラフ参照）といわれていますが、そのなかで自分の意見を述べることのできる人は限られています。自分の意見で印刷された自分の文章が本になると、本は生きたものになるので、見知らぬ人でも読める形になるのです。人は三時間話し合って理解できないときでも、本になると読み、理解しようとします。

多くの人が自分の意見を述べるために本をつくり、充実した時間を過ごしているのは、すばらしいことですね。

人はだれでも一冊の本が書けるといいます。「自分史」が盛んになったのも、最近の傾向です。たしかに自費出版した人は、それによって充実した時間を過ごせたことを喜び、勉強になったことを喜び、そして本になったことを喜んでいます。私はいままで、自費で出版された方で「本など書かなければよかった」と後悔している人には、まだ一度もお目にかかったことはありません。

幸い私たちの国は、共産圏や独裁者が選挙を封じ、言論を封じた国とは違い、言論の自由が大幅に認められているすばらしい国です。自分の責任のもてる文章を活字にしたいという気持ちを大切にし、本にするよう研究してみてはいかがでしょう。

なまやさしい気持ちで始めない

ここでひとつ申しあげたいことがあります。本を書くということは、決してなまやさしいものではなく、その過程にはそれなりの苦労があるということです。長い間かかって集めた資料を整理し、書き綴り、その努力の成果を一冊の本にまとめて発表するのです。容易なことではありませんね。事実、自費出版について、わが社への問い合わせは増えつづけていますが、そのなかで、出版にこぎつけられる人はそんなに多くありません。一生に一冊ぐらいは自分の本を出してみたいと、あんなに強く希望していても、中途で投げ出す人もいるからです。一生のうちで一度も本気で頑張り通せないような、情熱の注げない本なら、途中であきらめるのも仕方ありませんが、残念なことです。

幕末の信州松代藩士で学者でもあった佐久間象山は、「夕日が山にしずんだら　今日という日

はもう来ない　千年たっても二度と来ない　勉強しよう　仕事をしよう　今日という今日　今という今」と言っています。私もこの天才の意見に賛成です。

ここでもう一度、出版のすばらしさについて、ふれましょう。

出版によって、自分の考えや研究を、未知の人にも読んでもらえます。著者亡きあとでも、本は残ります。内容、すなわち著者の考えなり研究の成果は、一冊の本となって生きているのです。小唄に、「槍《やり》はさびても名はさびぬ」という文句があります。たとえ槍はさびて使い物にならなくなっても、名前は後世に残るのです。出版しようという人は、自分の考えを立派にもっている、教養のある方だと思います。その教養を文章に残すようにすることです。

それはあなたにしか書けない

有名な小説家の多くは、作品を書くために文献を調べたり、実際に舞台になった土地を見学に行ったり、あるいは証言してくれる人に聴いたりするなど、大変苦労しているものです。それに文筆をなりわいとするだけに、筆力はすぐれており、「鬼に金棒」といえるでしょう。

あなたが、ある興味あるテーマに向かい、作家に負けないほど調べた結果や、知っていることをペンに託して書き綴った場合は、その本はあなたにしか書けないものになるでしょう。文章の巧拙、表現力は別として――。

いつ書くか　仕事をもち、その仕事に生きがいを強くもっている人が、長年通いなれた職場から離れる、あるいはその仕事から手をひくということは、定めしさみしいことであろうと思います。会社員が定年を迎え、職場を去るさみしさは何ものにもたとえようがないでしょう。そして職場からも仕事からも解放されたあかつき、毎日家庭で時間をもてあましているのもつらいことでしょう。

「うちの主人は、定年になるまでは、子供たちをビシビシしかっていましたのに、定年を迎え、家にいるようになりましたら、なんだか陸《おか》に上がった河童《かっぱ》みたいにボーとしちゃっているんですよ。なんだかかわいそうで、家のなかでどなり散らしていた前の方がよかったですわ」

定年を迎えたご主人のある奥さんが、寂しそうにそう言っていました。仕事に生きがいを感じている人の方が、やめたときのショックはより大きいと聞いています。

定年後は時間に余裕ができてきます。本を書き始めるには、もってこいの時機ではないのでしょうか。晩学を始めることはぼけの防止になりますし、脳の活性化にもつながります。したがって健康な脳を保つ絶好の手段であるとともに、人生の記録を書き始める、あるいは自分の研究成果を世に問う最高のチャンスではないでしょうか。同じことは、子育てを終わり、諸事一段落という主婦にも、お勧めできると思います。

原稿を書き、まとめるためには、多くの時間と労力を必要とします。著名な作家でも、「この作品を書き上げるのに、十年もかかりました」などという苦労話を聞くことがあります。長い時間をかけて書かれた労作からは、著者の苦労が読む者に伝わってくるものです。

Ｂ６判、二百ページの本をつくりたい場合、四百字詰め原稿用紙約一枚半が書籍の本文一ページに当たると計算すれば、原稿用紙にして約三百枚、一日三枚ずつ書いても百日はかかります。大抵は、前もって資料を集めることが必要になります。その日数や労力もばかにはなりません。書き上げたら全体にわたって見直しをする必要もあります。まえがき、目次、添付する写真などを整理することも考えると、じっくり腰を落ち着けて、作品にとりかかる時間がとれる定年後の人、子育てから手の離れた主婦などには、出版を考えるよい時機にあるといえます。

こういう人たちのほか、仕事をしながらでも時間を見つけ、原稿を書き、本にする方はたくさんいます。いつごろ書こうかな、と考えてみるのも、本をつくる目標になります。

なにを書くか　なにを書くかは、全くあなたの自由です。職業のこと・趣味のこと・あるいは会社の社史・学校の校史・郷土史・団体史・遺稿集・追悼集・創作・詩・短歌・俳句・随筆・写真集・画集・社内報・会報・機関誌・同人誌・ＰＲ誌・同窓会報・学校や団体の名簿・生け花・建築・健康・色紙・掛け軸のこと、その他研究論文などなど、万般にわたって自由に原稿用紙に向かわれたらよろしいでしょう。

あなたは、あなた自身にしか書けないテーマが、具体的にイメージとして浮かんできたでしょうか。

第3章　ふだんから本に親しむ

プレゼントに本を

本をプレゼントすることはとてもすてきなことです。

私の兄は、友人に子供ができると、出産の前、時間のあるときに読むようにと、育児書を贈っています。新しく母親になる人びとへのこのプレゼントは、とても喜ばれていると聞いています。

私の友人は故郷が遠いので、親類・知人への手みやげは、かさばらない図書カードにしているそうです。両手にいっぱいの手荷物は、持ち歩くのが大変です。それに引き換え図書カードなら、いただいた方では、好きな本が買える楽しみがあって、とても気に入られており、友人の帰郷するのを楽しみにしているそうです。

お中元、お歳暮に限らず、良い本や図書カードを友人や知人に贈ることは、スマートなプレゼントですね。

知識と精神の糧

新聞によると、少年の非行について、次のように報じられています。ところが、

「貧しさが犯罪を生む――というのが、いままでの定説でした。ところが、警視庁の最近の調査によりますと、非行少年と一般少年の家の経済水準にはほとんど差がなかったそうです。ステレオ、カラーテレビなど、なんでもある、どの家も『中流』だそうです。ただひとつ違ったのは、非行少年の家庭では本が少なく、その子の部屋からはしばしば犯罪に関するビデオや読み物が見つかるというデータがありました」

物がいくら豊富になっても、人の心まで豊かになるとは限らないものです。読書は脳の栄養です。善の栄養を取り入れることが重要です。

本から知識と同時に精神の糧を得ることは、いまさら言うまでもありません。ですから、私たちは本を読む習慣をつけようではありませんか。

本はテレビやラジオと違い、自分のスケジュールをそれに合わせる必要はありません。どこでも、いつでも暇な時間を見つけて読むことができます。また、電波に乗って一方的に語られ、

話される一過性のものと違って、好きな文章を何度も繰り返して読むことのできる楽しみもあります。読者の想像力が豊かな場合には、同じ作品でも、テレビや映画の映像から受けるイメージより以上に内容を楽しむことができます。

本を出すに当たっては、その前にまず研究のために参考になる本を読まなくてはならないでしょう。資料になる本、興味のある本、雑誌にはどんどん目を通してみてください。本を書こうと決意なさったら、少しでも時間を見つけ、少しでも多くの本を読むことです。本を読むと申しましても、目次から「あとがき」まで、全部目を通して丁寧に繰り返し読む本と、とくに興味のあるところだけ拾い読みしてもよい本があります。どう読むかはあなたの自由ですが、どうか脳の栄養はたくさん摂ってください。

本を読んでいて――小説や詩などは別ですが――巻末に、参考に使った文献や資料を挙げてあることが多いのにお気付きになるでしょう。本を書く人はそれだけ努力もし、勉強もしているのです。

本を持ち歩く

『読売新聞』によると、最近の中年サラリーマンはおしゃれになって、バッグを持っている人が増えてきた、ということです。

いままでは財布、定期入れ、手帳、筆記具、たばこ、ハンカチなど、なんでもポケットに入れていたのですが、体の線を気にするようになり、バッグを持つようになったというわけです。

「バッグのなかに入れてあるものの筆頭は筆記用具、二番目は仕事関係の書類か資料でした。一番興味があったのは、大抵の人が一、二冊の本を入れており、新聞か雑誌は、ほとんどの人が入れていたということです」

本を持ち歩いていると、とても助かることがあります．いつだったか、電車に乗っていたとき、前の電車が事故を起こして、私の乗っていた電車が駅と駅の中間で止まり、動きません。十分たち、二十分たつうちに、同じ車両に乗っていた乗客はいらいらし始め、そのうち

「まだ動かないのか」

「なにやってんだ、この電車は！」

すごいけんまくでどなりだす人も。

私もいつになったら動くのか内心は不安でしたが、持っていた本を読んでいました。気持ちが紛れるばかりでなく、内容に引き込まれ、しばらくは電車が止まっていることを忘れたほどでした。それから二十分ぐらいたったでしょうか、電車はようやく動きだしましたが、私は一冊の本を持っていたおかげで、思わぬアクシデントも「読書の時間」に変えることができたのです。

これは妊婦さんに申しあげたいことです。

赤ちゃんに胎教が大切なことは、どなたもご存じのことでしょう。よい音楽を聴き、すぐれた絵画を鑑賞し、よい本を読んで楽しい気持ちになる。こんなこともよい胎教のひとつです。

以前妊娠中、私はつわりがひどく、なにをしていても気持ちの悪い時期がありました。もしあなたが男性なら、二日酔いが六十日もつづくことを想像していただければ分かると思いますが、妊婦にとってつわりの時期はとてもつらいものです。ですから私は、その間、いつも本や雑誌を傍らにおいていました。横になるときも、外出するときも、いつもです。楽しい本は気持ちを紛らわせてくれ、日中ひとりぼっちでも、全然寂しくありませんでした。病気で悩んでいる人にも、本を勧めます。気分は本によって変わるはずです。本の効果ってすごいですね。そのとき、ひとつの詩ができました。

文学の美しさを知ることは
永遠の友を得たことと同じである

人を待っているときも、待ち合わせの時間の前後に時間があるときは、本を読んでいると、時間は有効に使えます。遅れて行くことも来ることもよくはありませんが、たとえば相手が三十分ぐらい遅れて来ることがあるでしょう。そんなとき、時計を気にして、あちこちをきょろきょろうかがったり、いらいらしがちです。待ち合わせの場所さえ間違っていなければ、相手は必ず来るでしょうから、本を読みながら待っている方が、いらいら、じりじりするよりはるかに賢明です。

通勤には、ほとんどの人が電車やバスを利用していますが、電車で通勤している方は本が読めます。すし詰めの満員電車では、本を読むどころではない、とおっしゃるかもしれませんが、足の踏み場もないほど込んでいる電車のなかでも、手と足がばらばらになっているのに、熱心に本を読んでいる人を見かけることがあります。ただただ驚きですが、なにはともあれ、毎日の電車のなかでは、少しずつでも、「ちりも積もれば山となる」で、長い間には何冊かの本が読めることになります。

本屋に足を向ける

日本は書籍発行点数が、世界でも多い国のひとつです。それだけ日本人は活字好きな人種なのでしょう。

全国の出版社の数は、約四千二百六十社（二〇〇五年三月出版ニュース社調査）、一カ月の出版点数は六千四百十九点・年間推定発行部数十三億七千八百九十一万冊、雑誌は千二百誌（休刊百八十八点）といわれています。これら全部が書店にいくとは限りませんが、それでも毎日新刊本が続々と書店に運び込まれていることも事実です。

各都道府県にはたくさんの書店があり、人口の多い都市には必ずといっていいほど大型店があります。そして書籍から雑誌まで、多くの本がその店頭をにぎわせています。多すぎて、どこにどんな本が置いてあるのか、自分の読みたい本がどこにあるのか、どう探せばよいのか、見当のつきかねることもあります。

それぞれのお店によって、書籍、雑誌の並べ方は一定していませんが、だいたい内容によってそれぞれコーナーが設けられています。例えば経済金融関係、建築関係、ＩＴ関係、マスコミ関係、現代小説、文庫本、家庭医学、学習参考書、辞書など……。また最近の売れ行きのよい本を並べて「ご当地書店のベストセラー」と紹介しているところもあります。

本を買いたいときは、自分の読みたい本や雑誌がどこにあるのかをまず知ることです。そして希望の書籍が見つかったら、なるべくその場で買いましょう。書店は、売れ行きのよくない本――悪書とは限らない――は、取次店を通して出版社に返品してしまいます。出版社でも、長い年月を過ぎてしまうと、売れ行き不振の本は絶版にしたりしますので、後になって同じ店に行って求めようとしても、入手することができない場合があります。

その場で求めなくても、興味ある本は、出版社名・書名・著者名・定価などを必ずメモしておいてください。著者名や書名や出版社名を書きとめるほかに定価をメモすることは、同じタイトルの本を同じ著者が、同じ出版社から発行している場合もあるからです。出版社に在庫があれば、正確にあなたの欲しい本を書店に取り寄せてもらうことができますし、メモがあれば、それを頼りに国立国会図書館で読むこともできます。

時間があったら、買わなくともいい、立ち読みをしに行くつもりで、本屋に足を向けることです。ひと昔前なら、立ち読みをやめさせようと、店員がはたきをパタパタさせたものですが、最近では立ち読み客の多い書店ほど売れ行きもよいといわれていますから、ただ読みを歓迎している本屋さんもあるとか、最近の新聞に出ていました。

本屋の街・神田

東京都千代田区神田は、大学の多い駿河台、神田明神や湯島聖堂、ニコライ堂などいろいろな名所があります。それらと並んでこの街には、靖国通りを中心に、出版社、印刷所、書店、古書店が軒を連ねるように立ち並んでおり、その壮観ぶりは日本一、いや世界一と言ってよいでしょう。

この神田では、毎年恒例の「古本まつり」が開かれます。利用されたことのある方はご存じだと思いますが、千代田区神田小川町三―二二「神田古書店連盟」（03‐3293‐0161）あてに申し込めば、『神田古書連合目録』（有料）が送られてきます。そして「青空掘り出し市」では古書店の地図・名簿がもらえます。

ある年の「古本まつり」。にぎやかに開かれているその市で立派な年鑑をたくさん求めている紳士が目につきました。私は本好きなある方に、その市での話をしました。

「いま神保町で古書市を見てきたんですが、ものすごい人だかりでした。本好きな方ってほんとうに多いものですね」。両手を広げてその紳士のようすをジェスチャー交じりで「こんな立派な年鑑を三十冊も買った人がいたんです」

「ほう、本を買うときって、置き場所など考えずについつい買っちゃうんだよね。だから床が抜けちゃうことだってよくあるんだよね。ハッハッハ……」

床が抜けてしまったり、家が傾くなどということも実際にあるそうです。本の重みに耐えかねるために、そんなことが起こるのです。本は案外重量のあるものです。すごくたくさん重い本を持っている方は、本棚の土台をしっかり補強しておくことも大事なことでしょう。

神田の古本屋には、市の日に限らず、いつも多くの読書家が集まっています。古本屋だけでなく、新刊を売っている書店にもたくさんの人たちが本を選び、求めるために来ています。

神田の本屋街に行くには、ＪＲなら御茶ノ水駅から徒歩で七分ぐらい、地下鉄の都営新宿線、都営三田線、半蔵門線のいずれも神保町で降りると、地上に出たところすぐ目の前です。

「読書尚友」の楽しみ

文部大臣や国連大学学長特別顧問なども務めた教育社会学者、故永井道雄さんが『日本経済新聞』（55年11月23日）に「オアシス」というタイトルで書かれた次の文章を拝見し、何回となく読み返しました。読むたびに、深みのあるすばらしい随筆であると感じました。
「京都大学の助教授であった私が、東京工業大学の助教授になったのは昭和三十二年。そのころ日本の大学は激しく変化しつつあった。駅弁大学とか蛸《たこ》の足大学という言葉が流行しており、マンモス大学という言葉も登場しはじめていたと記憶している。もはや少数の人が立てこもる象牙の塔として大学をとらえることは困難であった。
大学に働く人間として、こうした変化をどのように理解すべきか。また、大学をどのようにつくってゆくことが望ましいのか。それは私にとって、大きく、また深刻な問題であった。あれこれの本を読んだが、私の考えに方向を与えてくれた点で助けになったのは、イギリスの教育学者　A・H・ハルゼー編『経済発展と教育』であった。この本を読んだおかげで、少しは遠くが見えるように感じたし、私の考えも整理された。（中略）
十六世紀から十七世紀にかけて生きたイギリスの哲学者フランシス・ベーコンの随筆集に、『読者は豊かな人を、談話は即妙の人を、書くことは正確な人をつくる』という言葉がある。しかし、本を読めば、だれでも、いつでも豊かになるというわけではない。本を読む人に問題の意識があれば、それに応じて本は豊かな栄養を与えてくれる。しかも読みっぱなしにするのではなく、読んだことについて、人と討論し、さらに書く努力を行なえば読書が生きる。ハルゼーの本を読んだ前後、私は、日本の大学の歴史について書き、また大学問題を論じたが、そうすることによって、いっそう、ハルゼーについての理解を深めることができた。

（中略）

人は生きる過程で、多くの障害に出会う。心がくもり、淀《よど》んで、一歩も進めないと感じるときがある。そうしたとき、自分が直面している問題は何であるのか。その輪郭だけでも明らかにしてくれる本に出会うと、こよなくうれしい。淀んだ心が少しずつ働きだし、雲間に光明が見えがくれする。

本に限らない。雑誌や新聞の短い論文や友人との会話からも、深く教えられる喜びを経験することがしばしばあるが、その際、何よりも大事なのは、自分自身の学ぶ姿勢であろう。古くから『読書尚友』、書を読んで昔の賢人を友とするというが、そんな贅沢《ぜいたく》な楽しみをもてるかどうかは、かかって、自分自身にあるように思われる」

読書の重要性をひしひしと感じさせてくれる達意の文章だと思いませんか。

第４章　情報を集める

情報、いろいろなルート

東京駅の八重洲口にある八重洲ブックセンターは、大型店として有名です。そこには文章に関する本のコーナーがあり、文章の書き方、表現法、文章のつくり方、論文の書き方など、いろいろな本が陳列棚を埋めています。それを見て私は、このような本が数多くあれば、文章を書こうとする人には力強いことだろうと思い、うれしくなりました。それから注意してあちこちの書店をのぞいてみました。私の見た限りでは、どの書店でも文章読本や文章作法を説いた本のコーナーが設けてありました。

文章を書くための資料が本屋の店頭にない場合は、注文すれば取り寄せてくれるはずです。また調べたい文献などを入手したい場合、日本書籍出版協会から出している『日本書籍総目録』などで、下調べして買い求めるのもよい方法です。

私はよく図書館を利用させてもらっていますが、図書館から借りた本は、当然のことながら汚さないように読み、期限内に返さねばなりません。その点、自分の本なら、重要と思う部分に線を引くことができ、いつも手元に置いて、必要なときに取り出して調べることができます。

日ごろから懇意にしている本屋さんがあれば、「このような内容の本があったら教えてください」とご主人や店員さんに頼んでおくことも、資料集めに役立ちます。

私がふらっと、ある本屋に立ち寄ったときのことです。

「Aの本あるかしら」と若い店員にたずねたところ、「はい、ここにあります」とたくさんの本のなかからすぐに一冊探し出して持ってきました。

「お客さん、Aの本を読まれるんでしたら、Bの本も面白く読めますよ」

「Bは読んだわ」

「それでは、Cの本は読まれましたか。この著者は有名で、売れ行きもいいんですよ」

「そう」

「ほかにも、そのような内容の本だったら、DとかE、F、Gなど、同じようなことを書いた本がありますよ」

そしてその青年は、それらの本をすばやく探して持ってきました。それからも、同じような傾向の本が、どこどこの出版社で発行され、著者はだれだれで、タイトルは何々……と、立て板に水を流すように説明してみせるのです。私はびっくりしてしまいました。本について実に詳しい店員なのです。

「あなた、いま話してくれた本、全部読んだの？」

「はい、ほとんど読みました」

「すごいわね。本のタイトルの覚え方も？」

「ぼくの先輩はコンピューターのような頭の持ち主でして、出版物の書名や出版社を、すごい量暗記していました。ぼくはその先輩に覚え方を教えてもらいました。ですからいま、ぼくが担当している文庫本は、ほとんど覚えています」

「えっ！　文庫本全部？　文庫の点数ってすごい量じゃないの？」

青年は照れるようにして、「ええ、まあ」と言いながら、眼鏡のなかの目が、うれしそうにほほ笑みました。私はそのコンピューター青年がすっかり気に入り、彼の勧めてくれた六冊の本を求め、店を出ました。

店員さんの頭脳を活用することも、未知の本との出会いになります。近ごろはアルバイトの方も多いので、書名や出版社もろくに覚えていない人もいます。よく知っている人を選びましょう。

全国の書店の店員さんは大抵『トーハン週報』『日販速報』『大阪屋商報』『中央社通信』『栗田週報』など書店向けの出版業界誌を見ているはずですから、新刊本の情報などは私たちよりいち早く知っていると考えるからです。

一般の読者を対象に、新刊を紹介する小雑誌も取次店で発行しています。これは出版社の発行している書籍を部門別に分類して編集してありますので、資料調べに役立てることもできます。

最近は大型店だと店頭のパソコンで、大概の書名や著者名を検索して、すぐに在庫の有無や取り寄せ先などを教えてくれるようになりました。

もし、あなたが海外在住者で、日本で発行されている書籍のなかで欲しい本があるときには、一部共産圏などを除いて、大抵の国から注文で手に入ります。日本と貿易を交わしている国なら、日本出版販売株式会社の子会社で、日販ＩＰＳというのがありますから、そこから買い求めることができます。トーハンの海外事業部からも海外に流通させていますし、日本出版貿易株式会社からも輸出しています。日販ＩＰＳの本社、日本出版販売にも国際部があります。このほかいろいろなルートで日本から書籍を送ることができますので、お住まいの近くの書店に問い合わせてみてください。

テレビ・ラジオなどから

テレビやラジオの放送からも、新刊の情報を知ることができます。新聞のテレビ・ラジオ欄をよく見ると、新刊書や、各分野の本、著者が話題になったり、紹介されたりする番組が組まれています。出版物に関するこのような番組は、あなたの研究している分野につながりがあれば、よい情報源といえましょう。最近はインターネットの普及で、パソコンを使ってこうした情報も容易に入手できるようになりました。

図書館での資料調べ

資料を得るために、図書館を利用されることもあるでしょう。図書館のよいところの一つは何万円もする高価な本でも読んだり、必要個所をコピーしたりできることです。

どの出版社も、発行図書は必ず国立国会図書館へ納本することに決められています（国立国会図書館法）。国立国会図書館に行けば、二十歳以上の人ならだれでも、どんな本でも閲覧できます。申し込めば複写もできます。

国立国会図書館へは東京の地下鉄丸ノ内線、千代田線とも国会議事堂前駅から、有楽町線なら永田町駅から、バスでも国会議事堂前下車、それぞれ歩いて行けます。所在地は郵便番号一〇〇‐八九二四、東京都千代田区永田町一‐一〇‐一、電話〇三‐三五八一‐二三三一（代表）です。

図書館の利用の仕方

図書館は大きく分けると、自由開架式図書館と半開架式図書館、それに閉架式図書館の三つに分けることができるようです。『ジャポニカ』（小学館）によると、

◇自由開架式＝自由に本を選んで、自由に借り出せるようになっているもの。

◇半開架式＝閲覧者は書架に面して本の背程度は見ることができるが、読みたい本は館員に頼んで取ってもらう形式。

◇閉架式＝閲覧者は自由に入れず、閲覧したい書籍を目録カードによって調べ、貸出係に頼んで借り出す形式。

となっています。目録カードの種類には、平井昌夫著『国語ハンドブック』（三省堂）によると、次のようなものがあります。

◇書名目録＝書名を見出しとして、五十音順かＡＢＣ順に並べてあるもの。書名を知っている場合に利用する。

◇著者名目録＝著者名を見出しとして、五十音順かＡＢＣ順に並べてあるもの。特定の著者の本を読みたい場合に利用する。

◇件名目録＝その本が扱っている主題（内容）を見出しにしたもの。ひとつの主題について調べたいが、書名・著者名がわからないことがある。そんな場合に利用する。

◇辞書体目録＝書名・著者名・件名の三カードをひとまとめに並べたもので、大変便利。

◇分類目録＝その図書館の本の分類法（配列の順序、日本十進分類法という）の通りに並べたもの。カードのそばに分類法がはられている。必要な本の分類が大体わかっている場合に利用する。

そして「閲覧カード」に必要事項（著者名・書類・分類番号・巻冊番号など）を書いて貸出係に渡すと、貸出係が書庫から探してくれます。こうして図書館から本を借りて読むことができるのですが、開架式図書館のように、自由に持ち出せる本を借りて読んで、返す場合には、「必ず元の同じ位置に戻すことを守ってほしい」とは、図書館の係員の願いです。仮に間違えて一段下の場所に入れたら、その次の人が指定された場所を探しても、元の場所にはありませんので、迷惑することになります。

図書館は本の種類が多いので、いろいろ研究している途中で新しい資料を見つけたりすることができ、したがってより広く深く情報を集められるわけです。

次ページの表は、「日本十進分類法」のうち、文学に関する部分の例です。

日本十進分類表の一例

類	綱	目
000 総記	900 文学総記	901 日本文学
100 哲学・宗教	901 日本文学	911 詩歌
200 歴史・地理	902 中国文学	912 戯曲
300 社会科学	903 英米文学	913 小説
400 自然科学	904 ドイツ文学	914 随筆・評論
500 工学・工業	905 フランス文学	915 日記・紀行
600 産業	906 スペイン文学	916 書簡
700 芸術	907 イタリア文学	917 風刺・滑稽
800 語学	908 ロシア文学	918 全集・選集
900 文学	909 その他の国の文学	919 日本漢詩文

情報の整理

本を読み、なおそのほかに、そのことをよく知っている人に聞いてみるのも大切なことです。たとえば洋酒のつくり方を知りたいと思ったら、それに関する本を読んだうえで、直接つくっている人を訪ねて聞く、あるいは工場を見学してくれれば、本には出てこない香りや味、工場の音、働いている人たちの話まで知ることができます。

人に会って話を聞くときには、必ずメモをとります。録音装置や写真にとれば、もっと詳しい資料が手に入ります。録音してもそのままでは活字になりません。不必要な部分は捨てて、利用できる部分を整理、文章にしていきます。

人から聞いたり、本や雑誌、新聞などを読んだりしたあと、必要だと思い、残しておきたい資料の整理はどのようにしたらよいのでしょうか。

文房具店をのぞいてみると、「カードのコーナー」があります。そこには名刺ぐらいの大きさからふつうの単行本と同じ寸法、B6判の大きさまでカラフルなカードが並んでいます。なかにはカードを入れる袋のようなものもあって、持ち歩きや分類に便利なように考えられています。「情報の整理」に関する本を何冊か読みましたが、一般にカードで整理することを勧めている本が多いようです。たとえば、『知的生産の技術』（梅棹忠夫著、岩波新書）、『発想法』（川喜田二郎著、中公新書）、『論文の書き方』（沢田昭夫著、講談社学術文庫）、『考える技術・書く技術』（板坂元著、講談社現代文庫）、『整理学』（加藤秀俊著、中公新書）などがそれで、私たちはこれらによってカードでの整理の仕方を知ることができます。

ホワイトブックの利用

カードを使っての整理の仕方は、辞書とか論文とかいった、バラバラにして組み合わせることのできるものに向いているようです。

私の場合は、「ホワイトブック」を使っています。本文のページがすべて真っ白な何も書かれていない本です。この本は文章でも絵でも日記や詩でも、自分の好きなように、多目的に使えてとても便利です。

カードはバラバラにして整理できるところが便利ですが、このホワイトブックは、綴《と》じてある一冊の本の形をしていますから、さしずめ世界中どこを探してもない「私の考えた、私だけの本」といえるでしょう。私がホワイトブックを使って一番重宝しているのは、旅行するときです。私は旅行のときにはいつもホワイトブックを持参し、旅先で日記をつけたり、駅でスタンプを押したり、旅館のパンフレットを切り抜いて張ったり、お寺でお坊さんに書を書いていただいたりします。気軽に持ち歩いてなんでも書きつけておけば、旅行のよい思い出になります。

また、ちょっとした短文を書きためておくのにも使っています。感動して読んだ本の感想や、そのとき考えた文章は、いつの間にか忘れてしまうものです。そんなとき、このホワイトブックをパラパラとめくれば、もう一度そのときの私に再会できます。

このほかにホワイトブックは、新聞や雑誌の切り抜きを張っておくこともできます。私の場合は、掲載された自分の投書や、自分に関係したものだけを集めていますが、ほかにも興味をもった図や表なども書いておきます。資料となるスクラップは別にしています。

スクラップでもカードでも、ホワイトブックでも、記録するときには、

◇それを書いた年月日

◇人から聞いたことなら、だれに・どこで聞いたか

◇書物からの資料は、著者名・書名・出版社名

を書きます。新聞・雑誌をスクラップする場合は、その新聞・雑誌名と年月日を、張りつけた

傍らに書き入れておきます。そしてスクラップしたものには「目次」を付けます。こうしておけば資料を探し出すときにとても便利です。

余談になりますが、私がホワイトブックをさしあげたなかの一人は、カットを描いたり、旅行が好きで、よく旅行されますが、旅先で絵を描いてくるのにこのホワイトブックを使っているそうです。左のページにはスケッチを、右のページにいつ、どこで描いたかを記入しておけば、あとでアトリエにはいったときに便利だし、自分の作品を、この本のなかにまとめることができて重宝しているとのことです。このホワイトブックは製本がよく、いっぱいに開くので、書きやすく、インクなどがにじまない紙でつくってあるので、使いやすいと好評です。

それにもっとすてきなことは、自分の書きつけた本が、蔵書と一緒に本棚に並んでいるのは気分のよい、楽しいものです。

チームでの情報集め

以前に読んだ本のなかに『企業で出来ないものはない』（三戸節雄著、ダイヤモンドタイムス社）があります。自動車・オートバイのホンダがチームとして個人の能力をフルに発揮させて情報を集め、新しい商品を生み出す過程が記されているので、私は興味深く読みました。いままでの新商品はどうやってできたか、自動車の販売はどうしたか、ということのほかに、ホンダの営業活動としてコンテストを催したり、食堂、売店、結婚式場、ホテル、ゴルフ場、プール、遊園地など、多角的な経営部門に手をひろげたりしていることが書かれています。

そして世界的な企業になるために、個人の能力を最大限に伸ばす経営システムを取り入れ、三十歳の若者にも重要な活躍の場を与えているということです。こうして仕事に意欲をもった若い個人の情報は育成され、指導され、研究され、活用されているのです。

企業にとって良い情報を集めることは、やがて将来、会社のエネルギーになることは間違いなく、とても重要なことでしょう。

チームワークで本を完成する場合も同じ。せっかく情報を集めても、各自がてんでんばらばらにわかっているだけでは、なんの意味もありません。問題とするレベルを決め、集め方・書き方も統一しておく必要があります。

年月日・場所・出所・書き入れた人の名前などは、同じスタイルで書き入れます。本や雑誌・新聞などの資料は書名・雑誌名・新聞名・ページ数など、コピーした資料には出所・日付は必ず記入しておきます。チームを組んでの仕事は、その記録が、書いた本人にだけわかるというメモではだめです。チームのだれが読んでもわかるようにまとめておくため、情報を集める前にチーム全体でよく話し合い、統一した書き方を研究し、実行する方があとあと便利でしょう。

集めた資料を整理し、分類し、何を残し何を捨てるかによって、おのずから本の章に当たるプランづくりに役立ちます。アウトラインさえ出来上がれば、あとは原稿用紙に向かうことです。原稿の完成、推敲《すいこう》を終え、出版の運びとなったとき、チーム全員が満足できるような内容にもっていくために一番重要なことは情報集めです。

読み終えた本・雑誌・新聞の捨て方

読み終わって要らなくなった書籍・新聞・雑誌を処分するに当たっては、必ず再生資源となるような捨て方をしたいものです。

古雑誌や古本は、それが価値のあるものなら古本屋に売りに行くといいでしょう。ある古本屋の店長によりますと、大学院生、教授、学者といった人たちが、いろいろな資料を探しているということなので、古本屋に持ち込めばその人たちの役に立つかもしれません。

古書店でも価値がないとされそうな古新聞、古雑誌、古本は、再生資源になるよう、チリ紙交換屋などの古紙回収業者に出します。日本は世界第二位の紙消費国です。昔は自給自足できたそうですが、現在はその四〇％も輸入に依存しており、これからも輸入はますます増加の一途をたどるだろうとみられています。紙パルプを生産する森林資源には限りがあり、一方、伐採によって自然が破壊されていくのにも大きな問題があります。苗木を植えても、それが使えるようになるのは何年も先のことだし、そこまで育てるのにも手数がかかります。ですから森林資源を守るためにも、古紙をできるだけ多く再生利用した方が、輸入パルプの量を減らすことができてよいのです。本を安く良いものにしようと努めている良心的な出版人にとっては、紙材の値上がりはとてもつらいところでしょう。読み終えて不要になった本や雑誌・新聞は、ぜひ再生資源となるような処分法をとってください。私たちは資源の少ない日本に住んでいるのですから、限りある資源を大切にしたいものです。

第5章　実際に書いてみる

怠けていては文章にはならない

あなたは余暇をどのように使いますか。テレビを見ながらゴロ寝、ではもったいないではありませんか。

世の中が合理化されるに従って、人間は怠けものになりました。たとえば洗濯ひとつするにしても、汚れものをポイと電気洗濯機に入れ、スイッチを押すだけで、あとはすすぎ・排水・脱水まで機械がしてくれて、汚れものはきれいになります。

インスタント食品が多く出回り、売り上げが大きく伸びているということも、簡単につくれる便利さからでしょう。常食のように食べるのはいかがかと思いますが、温めてお皿に乗せれば、それだけでおかずになるハンバーグ、ご飯に乗せればカレーライスになるものなど、インスタント食品がうけている時代です。

時間をかけず、手間もかけずにできるもの、怠けていても生活できるようにと、世の中は怠惰化の方向に向かっていますが、そんなことばかり繰り返し、ゴロ寝をしていたら、あなたの頭は怠けものになって文章を書こうと思い立っている脳細胞が退化してしまいます。実に残念なことです。
考え方の発想を転換してみることです。たとえばテレビを見るとしましょう。そんなとき、その間ゴロ寝をやめて、傍らに鉛筆とノートを用意し、メモをとる。そしてテレビ番組のひとつが終わったら、その番組に対しての感想を書いてみる。このようにしたらいかがですか？あるいは洗濯機を回しているその間に、興味ある本を読み、読後感を綴ってみる。一日数時間の余暇と時間を上手に使ってこそよいアイデアも出てきます。ここで時間をよりうまく使うために、次の考え方をご紹介しましょう。
「朝起きて、一日の計画を立てます。今日もたくさんの仕事があります。原稿を書く、調べもの、買い物、電話、読書、新聞を読む、人と会うなど。そこで、重要な順に1、2、3と番号をつけてみます。
1は、その日のうちに必ず終わらせなければならないもの
2は、期限は決められていないが、必要なもの
3は、どうでもいいものです。
1はどうしてもその日のうちに消化しなければならないものですから、必ずその日のうちに片づけてしまいます。そのあと、2，3と手を付けるわけですが、重要な順に処理し、片づ

けられれば、時間がうまく利用できたことになります」

このように計画を立て、仕事を整理することによって能率も上がることでしょう。米国の実業家で作家の故デール・カーネギーが、「熱意をもってやろう。やれば熱意がわいてくる」と力づける名言を残しました。ぼやっとして時間を過ごすのは、一生をむだにすることです。人生はやり直しがきかないのです。

どう書いたらよいか

何を書いたらよいか、という方向が決まったら、今度は自分は何を言いたいのか、言いたいこと、訴えたいことを頭のなかで整理してみることです。自分の考えていること、訴えたいことが活字になっても、それが間違いなく読者に読み取り理解してもらえるかどうかは大変難しいものです。なかには弁の立つ人や筆の達者な人がいます。しかしそのような才人でも、生まれたての赤ん坊のときから弁が立ったわけではなく、筆が持てたわけでもありません。まして読者の胸を打つような達意の文章がはじめから書けたわけではありません。現在、文壇をはじめ各方面で活躍されている方たちでも、努力に努力を重ねて現在にいたっておられるのです。その人を取り巻く環境と、本人自身の積み重ねが、いま立派な花を咲かせているのです。

書店でよく売れる人の文章は、やさしく、わかりやすいものです。読み手の頭に、どれくらい理解できたかによって、その文章が上手かどうか評価されるのです。

「読書百遍《べん》義自《おのずか》ら見《あらわ》る」――繰り返し何度も読めば意味は自然にわかるようになるもの――ということわざがありますが、難しい言葉を並べ立て、読者が何度も何度も読み返さなければ意味が通じないような文章では困ります。読み返してもわからないような文章ではもっと困ります。

福沢諭吉は、文章をわかりやすく書くために、次のように心がけたと、尾崎咢堂が語っています。

「当時余は、人に語りて言《いわ》く、『是等《これら》の書は、教育なく百姓町人に分るのみならず、山出《やまだし》の下女をして障子を越《こし》に聞かしむるも、其《それ》何の書きたるを知る位にあらざれば、余が、本意に非《あら》ず』とて文を草《つ》くって漢学者などの校正を求めざるは勿論《もちろん》、殊更に文字の乏しき婦人子供等に命じて、必ず一度は原稿を読ませ、其分、わからぬと訴える処に、必ず漢語の六《むつ》かしきもの、あるを発見して文を改めたること多し」（『福沢諭吉全集』緒言）

教育のない百姓町人にもわかる文章、あるいは文字を知らない婦人や子供に原稿を読ませても理解できる文章を、福沢は心がける。

そのため、あまり文字を知らない婦人や子供に原稿を読ませて、その読めないところをやさしく書きなおしたのです。それだけの努力をしたからこそ、名著中の名著といわれる『学問のすすめ』はベストセラーになり、日本の近代化に大きな功績を残したのでしょう。福沢先生はあるとき尾崎行雄氏に対し、「猿を相手に書け、俺《おれ》は猿に読ませるつもりで書くが、それで丁度《ちょうど》、世にあてはまるのだ」(『尾崎咢堂全集』七巻)と語ったといわれています。

わかりやすい文章を書くということ、それは常に心がけなければならないことで、やさしく、理解されやすい文章は、とりもなおさず読者層をひろげることにもなります。そしてそれは、多くの読者をもつということにも通じる大切なことです。

対象を考えて書く

文章は、読者の層、つまり対象を考えてから書きます。内容が専門分野で、少なくとも論文の部類に入るものなのか、社会人一般を対象とするのか、主婦あるいはＯＬに読んでもらいたいのか、または子供向けなのか。それぞれ対象を考えてペンをとることです。

もし、専門分野にしぼった研究書であれば、専門用語を並べても理解してもらえます。しかし読者が一般社会人なら、専門用語を使う場合でも、よくわかるように心がけて書かねばなりません。そうでなければ、読者は次から次へと出てくる専門用語にうんざりしてしまい、読む気力を失ってしまうことになりかねません。読者に理解されず、自分だけわかっていても意味がありません。

むずかしい表現、わかりにくい言いまわしを避けて、わかりやすく、やさしく書くことが、最後まで読んでもらうための第一条件です。持ってまわった言い方や、自分には知識や学があるということをひけらかしたり、自分だけわかっていたりするのではいけないのです。もっとも、やさしく書くからといって、内容のレベルを落としてよいということではありません。

主婦やＯＬを対象とする場合は、対象が女性であることを考慮してください。たとえば、あまり下品な表現や、高圧的な物言いは避けましょう。児童書の場合は、小学生高学年、中学年、低学年、幼稚園児向けなどがありますが、それぞれのレベルに合った漢字・かなや言葉遣い、表現を使うことに気を配ります。子供の気持ちをつかんだ作品は、大きくなってからもその子の心に残っているものです。

夏目漱石の発想

文豪・夏目漱石は、原稿を書くときの発想について、次のように書いています。

「インスピレーションが来なければ筆が執れぬということは、ちと考える価値があると思う。その意味は、気が乗らなければ書けぬということは事実に相違ない。それは事実には相違ないが、しかし気が乗るのを待っていなければ書けぬというのは嘘であろうと思う。言い換えると、自分が気が乗らなければ、自ら気が乗るよう仕向けるということが必要ではあるまいかと思う。(中略)

そこで自分が小説を作ろうと思うときは、何でもあり合わせの小説を、五枚なり十枚なり読んでみる。十枚で気が乗らなければ、十五枚読む。そしてこんどはその中に書いてあることに関連して種々の暗示を得る。こういうことがある、自分ならこれをこうしてみたいとか、これを敷衍《ふえん》してみたいとか、さまざまの思想が湧《わ》いてくる。それからしばらくすると書いてみたくなる。それをだんだん重ねて行くと、だんだん興が乗ってくる。その興に浮かされて、耐えられなくなったとき、筆を執るとよいのであろうが、自分などは、それまで待っていたことはなく、いい加減なところで筆を執りだすのだ。
余り創作などの出来そうにも思はれぬわが輩が、まァどうかこうか書く、書くうちはその或る部分の如き、随分気が乗って書けるように思われるところもある。これは自分で作りだしたインスピレーションであろうと思われる。だから自分などはしばしばこの人工的インスピレーションをやることにつとめているのである。書く気が向かなければ出来ないといって、気の向くのを待っている天才肌の人たちは、もとより天才だから、自分等にはわからないが、しかしこれらの人は必ず、自らつとめることをしないという責は免れまい。つとめるという意味は無理するというのではない。誘うということである。
誘うということをしなければ、いつそのインスピレーションが出てくるか、いつその作物《さくぶつ》が出来るかわからない」(『現代文章宝鑑』)
頭のなかに、文章が泉のように詰まっていて、サラサラと流れるように書ける人なら問題はありません。しかし、いくら考えても思うようにペンが進まなかったりするとき、夏目漱石のようなインスピレーションを引き出す努力、そして実行こそが、あなたの作品を完成に近づけることになるのではないでしょうか。

ペンは友達

原稿づくりに欠かせないのが紙とペンです。毎日ペンを持つ癖をつけてください。作家の井上ひさしさんでも、「三日もペンを執らないと、そのあと書くのがつらい」と言っています。

本を出そうとする人は、二、三枚の原稿用紙を埋め、それをまるめてポイとクズかごに投げ入れ、「ぼくには才能がないから……」と途中でやめないことです。絶対に！「石の上にも三年」というじゃありませんか。とにかく原稿用紙とペンを友達に、コツコツと書いてみることです。

ある人が「はじめはスラスラと書けたのに、そのあとがつづかない」といって悩んでいました。この人は、うまく書こうと思ったのが書けなくなってしまったのか、それとも資料集めの努力が足りなかったのでしょうか。くじけず、投げず、あきらめず、なんでもよいから書いていくしかないのです。言いたいことがあってペンを執られたのですから、書けないことはない。書けるはずです。初心を忘れず、始めたら絶対に中途でやめないことです。

ペンの代わりにパソコンで入力する人もいますが、用字用語の使い方、文章に取り組む心構えは同じことです。

作家から学ぶ文章のつくり方

文豪・芥川竜之介の『侏儒《しゆじゆ》の言葉』のなかに、「文章のなかにある言葉は、辞書にあるときよりも美しさを加えていかなければならない」とあります。「あらゆる言葉は銭《ぜに》のように必ず両面をそなえている。たとえば『敏感な』という言葉の一面は、畢竟《ひっきょう》『臆病な』ということにすぎない」とも言っています。『広辞苑』では、文章とは「字句を連ねてまとまった思想を表明するもの」とあります。

文章をつくるということは、その作品に、その人の「人柄」を感じさせますから、楽しいものです。

いつ文章をつくりだすか、ということについて、夏目漱石が『人工的感興』を書いています。作家の作品の創り方が載っていて、とても面白いので、少し紹介しましょう。

「女流作家のオースチンは、芋の皮をむきながら、その隙々に一ページ書き、小児の世話をし、着物の洗濯を終わらせると、その隙々にまた一ページも書く。どこから始まっても、どこで終わっても差し支えなく、鉛筆のおわりがどこでも苦にしないで、傑作を多く残しました」（家に

いる主婦の方には見習える作品のつくり方ですね。――著者）
「エリオットは、亭主のルイスと同じ室にいたのですが、ルイスのペンの動く音が気になって書けなかった神経の持ち主でした」
「ブラウニング夫妻はイタリアにいたころは、お互いに詩をつくろうと思うと、二人がバラバラになり、各自の室にはいって日課を立て、何時間と書いて、また一定の時間になると出てくる。それが機械的にできたようです」
「サッカレーは、自分の書いたものをいつでも持ち歩いていて、銀行にご用があるときなどは銀行へ持っていって、しばらく待っている間に、原稿を修正してしまう」（この方法は、現代のサラリーマンのように時間のない方にとって、参考になるところがありますね――著者）
「バルザックは、原稿を活版屋にわたし、活版屋が校正刷りを送ってくると、全紙がまっ赤になるまで修正してしまう。それから活版屋がすっかり組み替えて、再校ゲラを送ってくる。はじめ活版に出したものは未定稿だということです」（これは出版に携わる人への思いやりが欠けています。ふつうなら原稿を組む前に専門的な技術のある校正・編集者が、用語や記号を整理し、原稿指定や割り付けをし、それから活字を組む作業に入るのが一般的です。ですから、印刷にはいるまでには、随分時間と人手をかけているものです。それを、せっかく組んだ初稿を全紙が真っ赤になるまで修正してしまっては、また初めからやり直しになります。そのため時間も費用も倍もかかる

ので、自費でそれを負担しなくてはなりません。実に不経済です。——著者）

「イギリスのトロロプは、汽車に乗っていて、一時間に何ページと書く。これなどは周囲を気にせず、作品を書いた方です」（私のところにみえた方が、旅をするときには必ず百枚ぐらいの原稿用紙を持って行き、汽車やのなかや宿でペンを走らせたと言っていました。旅行や出張などで、電車や飛行機に乗っている時間が多い方には参考になる話ですね。——著者）

「ユーゴはまた、ヨットに乗って横になり、海上で構想を練り、それから筆を執ると一気に書き上げてしまう」（大体の筋書きを考えて書き始めることは、初めて作品に取り組む場合、学びたいところです。全部作品を書き上げたら、見当外れになってしまった、という例もなきにしもあらず、ですから。——著者）

「スチーブンソンなどは、腹んばいになって書くということです」

いろんな人がいるものですね。

A・オズボーン著、豊田晃訳『創造力を生かせ』（創元社）のなかに、「根気よくやる気さえもてば、人はどんなところでも執筆できるといったサミュエル・ジョンソンの言葉は受けとれないにしても、芸術家や作家が（中略）あらゆるところでアイデアを得ていることは事実である」とありますが、芸術家や作家は、アイデアをしぼりだし、作品を創作しようという心構えを常に身近に持っていて努力していることは事実です。

なにを書いたらよいか

なにをテーマにしても構いませんが、書く人自体、関心がない内容では、最後まで執筆することはできません。写真を撮る場合でも、つまらないと思うところは無視し、興味あるものにカメラを向け、ピントを合わせ、撮る対象がレンズの中央に見えたときシャッターを押します。文章づくりも同じで、関心のないところには、四百字詰めの原稿用紙百枚のひとマスひとマスを埋める気力は続きません。興味があり、研究し、長続きできる事柄を、気軽に書きはじめることです。

まず身近に考えられるのは職業に関係する本です。大学教授なら、ゼミに使る研究成果があります。栄養士さんなら、毎日の食事の献立や食べ物の栄養の話をまとめることができます。サラリーマンなら、自分の職業に合った本が、税理士さんなら税金のことがわかる本、会計士さんだったら経理関係の本が綴れます。

会社の会長・社長なら会社の社史・ＰＲ誌などをつくることも、重要な任務のひとつ。十周年記念、五十周年、百周年を記念してつくるのは、ごくふつうです。社史を出すことによって、会社の内容や歴史が世間にも広まり、会社の信頼が高まり、すばらしい宣伝になること請け合いです。英文ででも出せばその社史は世界的にも通用するものになります。

学校の校長先生ならば、校史もつくることができます。会社・企業の場合と同じ十周年、二十周年、五十周年など、記念事業にあわせて出版されれば、ＰＴＡのお母様方も、あらためて学校の歴史を認識されるでしょう。

もしあなたがお医者さんなら、医学的な研究の発表ができます。医学は今日、どんどん新しい療法が開発され、糖尿病でもガンでも結核でも、五十年前の治療法では、いまやほとんど役に立たないといわれています。あなたが、あなたの新しい研究の成果を出版されれば、多くの読者に役立ち、すばらしい反響があることでしょう。

あなたがもし、小唄・長唄の師匠、お茶、お花、着付け教室、日舞、社交ダンス、スキー、書道、ピアノその他の先生なら、それぞれの「教本」をつくってみるのも、いいアイデアではないかと思います。

先祖の系図や家系その他を調べて本にするのもいいことです。このような内容の本は、家の行事にあわせて引出物に使うことができます。絵画に興味があり、自分でも描かれる方は、自分の絵を画集にすることができますし、詩をつくっていらっしゃる方でしたら、詩集にまとめ、俳句・短歌をたしなまれる方なら、句集をつくるなどはいかがでしょう。

写真に趣味をお持ちの方には、写真集をつくるつもりで写真を撮られることをお勧めします。鳥だけを狙ったり、花だけを撮ったり、山だけを対象にしたり、SL機関車の雄姿を追いかける、水中カメラで魚や海底の神秘的な姿に腕を振るうなど、さまざまな楽しみがあります。もちろんそれらを撮ったときの感動や苦労を必ずメモしておき、本づくりに備えておくのも大事なことです。

旅行好きの方は、行った先々の出来事をもとにトラベルエッセー、土地のおいしい食べ物や歴史、土地の民話などをテーマにされるのも一案です。

日記を付けている方なら、それをもとにして本にすることもできます。ただし、自身のために付けた内容そのままを本にするのは必ずしも得策ではないかもしれません。読者にとってはまるでつまらない内容と受け取られるおそれがあるからです。

作家・川端康成の『十六歳の日記』は、川端さんが十六歳のときに書いたものが作品になっています。この本は川端文学の原点とされている作品です。石川啄木ほか有名な作家も、日記を通して書く習慣が身につき、それが文章や作詩の土台になったともいえます。

小説やエッセー、評論などはもちろん、折にふれて感じたことなどを書きまとめて、随想や随筆集として本にすることもできますし、チョウとかトンボなど昆虫や魚類、はちゅう類に興味があるのでしたら、それをまとめて図鑑のようなものをつくることも考えられましょう。

このように出版の機会はいろいろありますが、それにはまず何を書くか、何が書きたいかに的をしぼり、読者の興味をも考慮に入れ、そして実行に移すのです。原稿用紙にコツコツと書き綴りはじめます。一冊の本にするには、四百字詰め原稿用紙で三百枚以上の分量が必要ですが、それだけの分量を書くのですから、はじめての人には容易なことではありません。まずはペンと原稿用紙を身辺に置き、ひとマスひとマス書きすすめてゆくことですが、その場合、内容の正確さを期し、綴ることに注意を払うことはもちろんのことです。パソコンで入力していく場合も、一字一句丁寧に入力します。自分のアイデアでない他人の文章をインターネットで勝手に引き写し、自分の作品のようにしてしまうのは絶対にしてはいけません。

本はひとたび活字になると、重版でもしない限り、内容の間違いや字句の誤りなどを訂正することはできません。辞書のような書物でも、初版に誤植が出ることがあります。そういうミスを避けるためにも原稿の段階で完ぺきなものをつくることです。

第6章　書き方のルール

原稿づくりは省けない

最近はパソコンを使って原稿を書く人も少なくありません。文字や数字・記号・機能などを入力するキーを操作し、文章を画面に表示、作品を書き上げていきます。パソコンの記憶装置には新聞活字以上のさまざまな字体やむずかしい漢字が収容され、辞書並みの語彙を駆使できる利点があります。また習熟すれば、書き直しや字句の挿入削除が簡単なため、原稿を手書きするのに比べて、ずっとはやく書き上げられるといわれます。しかしパソコンの場合でも同音異義の単語は多くの候補のなかから書き手が選ばねばなりません。それなりの知識や感性がないと、正しい文章にならないのです。

手書きの場合は、原稿用紙に正しい文字でひとマスひとマスを埋めて、コピーをとり、友人にでも見てもらって、おかしいと思われるところは原稿の段階で、直すことになります。忙しくて書く時間のない人は、講演先で話したものをテープやディスクに収録しておいたり、対談での内容を同様に録音しておいたりすれば、あとで活字にまとめて本にすることができます。

その気にさえなれば、飛行機のなかでも新幹線の車内でも、小さなカセットテープレコーダーや携帯型パソコンを持ち込んで、吹き込み・打ち込みをすれば、たとえ世界や日本中をかけめぐっている忙しい人でも、それをまとめて本にすることができます。その場合は出版社の方とよく相談してください。ただし、テープなどに録音したものは、「テープ起こし」によって、原稿用紙に文字として移し替えなければなりません。テープから本にする場合には、一層念入りに書き起こし原稿に目を通して、用語や文章の構成などに気を配らねばなりません。書き言葉と話し言葉ではかなり違いがありますので、読みやすい原稿にする作業が必要です。

いずれにしても、手書き、テープ起こし、パソコン入力のどの場合でも、原稿として何人かが目を通し、完全原稿をつくりあげる作業は省けないのです。

書き方のルール

先にもふれたように、本をつくるためには四百字詰め原稿用紙で三百枚から四百枚は要ります（本の大きさ、厚さ、内容によって違います）から、はじめての方には大変なことですが、とりあえずペンと原稿用紙、あるいはパソコンを身近におき、コツコツと書きはじめることです。本にする原稿は、日記やメモのように、自分だけがわかればいいというものではありません。

まず他人に見せる・読んでもらうという配慮が必要です。出版社の編集者、印刷を担当する人など何人もの人がその原稿を見ますので、原稿用紙の使い方ぐらいは、ものを書く人間のエチケットとして覚えておいてください。

原稿はノートに走り書きしたものでなく、必ず原稿用紙に書いたものか、パソコンで入力したものを出版社に出します。原稿用紙を使ったとしても、マス目を無視して書いたのではいけません。ひとマスに一字ずつ、きちんと書きます。

原稿用紙は一般的には四百字詰めか二百字詰めのものが使われますが、「序文」から「あとがき」まで、同じ用紙を使うようにしましょう。

原稿は、黒かブルーブラックの万年筆かボールペンで書きます。鉛筆で書くと、擦れて薄くなったり、光って電灯の下では読みにくいことがあります。赤インクや赤のボールペンは、原稿書きには使いません。赤は校正用です。作品の途中でインクの色が変わらないようにします。これは、印刷所の作業のときにバラバラにするため、同じインクでないと、別の作品の原稿に間違えてしまうことがあるからです。

文字はひとマス一字　文字はひとマスに一字です。「　」もそれぞれが一字分です。行の書き出しや段落行は、頭一字分下げて書きます。点やマル（句読（くとう）点）などの記号も、ひとマス一字の原則に従ってください。記号には次のように、いろいろあります。

。——マル、句点
、——点、ポツ、読点
・——ナカグロ、ナカポツ、ナカテン
「——カギ、カギカッコ
」——カギウケ
『——二重カギ
』——二重カギウケ
（——カッコ、パーレン
）——カッコトジ
<——ヤマパーレン
>——ヤマパーレントジ
！——エクスクラメーションマーク、感嘆符、雨だれ
？——疑問符、クエスチョンマーク

以上の記号はすべてひとマス一字です。

——（ナカセン）、……（リーダー）は二マス分です。

その他、数字記号（＋－×÷＝）や化学記号、音楽記号などもひとマスと考えてください。

記号の使い方（タテ書きの場合）

。は、マル、句点とも呼ばれ、文の終わりには必ずつけます。言葉や文章の切れ目や、区切り、センテンスの末尾で使います。「」カギで囲んだときでも文末につけますが、最近は（。）を省いて「」で終わる作品も多くあります。

、は、テン、読点とも呼ばれ、文の切れ目に使います。文中に出てくる言葉の切れをはっきりさせるためにつけるので、内容を読みやすくし、読み間違いを防ぎます。

・は、テン、ナカグロ、ナカポツ、ナカテン、並列点ともいいます。同類や関連の深い名詞や代名詞を複数並べて書く場合の区切りの方法です。（例）テン・マル・ナカグロは符号の一種です。

また日時や寸法を簡略表記するときにも使います。(例)二〇〇六・四・四、一三・〇〇スタート。距離四二・一九五キロのマラソン。

外来語の複合表記や外国人のカタカナ表記にも用います。(例)カルチャー・センター、ジョン・F・ケネディ。

「は、カギ、カギカッコともいい、会話や引用文の表記に用います。(例)「今度の連休、ゴルフはどう?」。福沢諭吉の有名な言葉「天は人の上に人をつくらず、人の下に人をつくらず」そのほか、とくに注意をひきたい語句や文意を強調したいときにも使うことがあります。

『は、二重カギ、ふたえカギともいい、カギカッコの中でさらにカギを使いたいときに用います。書物の題名や新聞、雑誌名を書くときにも。(例)『今、出版が面白い』『読売新聞』

(は、カッコ、パーレンといいます。注記などや、省略を示すときに。(例)サミット(先進国首脳会議)、(中略)。シナリオのト書に。(例)男(一語一語はっきりと)あ、い、し、て、る。

その他、カッコの種類はたくさんあります。（例）［ ］【 】（ ）〈 〉《 》

！は、エクスクラメーションマーク。感嘆符、雨だれともよばれています。驚きや感動、命令などを強調するときに使います。（例）ぼくの本がついに完成！

？は、疑問符、クエスチョンマーク、といわれます。質問するときや、自分で疑問に思ったとき。（例）これでいいのだろうか？「これなに？」

――は、ナカセンと呼び、文の途中で説明を入れるときや、省略するとき、あるいは会話の「 」の代わりに使います。

……は、リーダーといい、文の省略の記号では――と同じですが、文章に余情・余韻を残すときに用います。

記号の使い方（ヨコ書きの場合）

・（ピリオド）は 。に当たる部分につける。，（カンマ）は、に代わる働き。〃（ダブルクオーテーション）は、「 」カギと同じ。‘ ，（シングルクオーテーション）『 』二重カギと同じ。（ ）（パーレン）や！（エクスクラメーションマーク）などタテ書きと同じ使い方です。

多くの記号がありますが、乱用はしないで、正しく使ってください。

言葉に流行があるように、「。」とするのが若い人を中心にはやっているようですが、「 」のみにするかなど、記号の使い方も違ってきているようです。編集者と相談して、おかしくないように、体裁よく使いましょう。

文体は統一する

本を読んでいると、読みやすい本、読みづらい本があるのを感じるときがあります。読みやすい本を手にしたときは、途中でページを閉じても、続きの内容が気になり、とうとう一気に読み終えてしまったという経験は、おそらくだれしもお持ちのことと思います。反対にいくら有名な作家の本でも、読みにくく、少し読むと前のページに戻ったりして、ふだん読むスピードの数倍もかかってしまうことはありませんか。

文章には一種の調子があります。著者の性格がリズムとなって、読み手に伝わってくるのです。調子には軟らかい調子、硬い調子、ゴツゴツした調子などがあります。人にもやさしいタイプ、気むずかしいタイプ、静かな人、元気はつらつとした人などいろいろです。さまざまな性格の人が書くのですから、十人十色になることは避けられません。

しかし、軟らかい調子の本には、それなりのよさがあり、硬い調子の本にもまたそのよさがあり、ゴツゴツした書物のなかにも、すばらしいものがあります。音楽のなかにも、クラシック、ジャズ、ロック、演歌、ニューミュージックほかいろいろな種類があります。ニューミュージックが好きな人にクラシックを聞かせたら、あまり楽しくないかもしれません。またクラシックが好きな人にボリュームいっぱいのロックを聞かせたら、「うるさい」と思うでしょう。それと同じように、自分に合った文章を読んだら、すばらしいリズムだと感じるでしょう。しかし好みに合わない文章に出会ったときは、一気に読めず、ブレーキがかかってしまう感じを持つのではないでしょうか。

自分のメロディーやリズムは、その人それぞれがつくりあげていくものです。多くの文章を書き続けることによって、文章の味は、書き手の独特の味が出るようになるのです。

次に文体についてです。同じ本のなかでは文体は必ず統一しましょう。はじめて長文の原稿を書いた人で、最初は「……です」「……であります」と書いていたのが、後半になると「……だ」と表現が変わってしまった例がありました。主張を強く打ち出す場合などに、一部にわざと文体を変えて表現することがありますが、ふつうは、読者が不自然に感じます。文体は途中で変えないのが原則です。

官庁の文書では、原則として「である」調を用いると定めています。しかし公告・告示・掲示のたぐいや、往復文書（通知・通達・供覧・回覧・伺・願・届・申請書・照会・回答・報告などを含む）のたぐいは、「です」「ます」を使用しています。これは、一般の人びとの理解をより得やすくする意味から、できる限り話し言葉に近づけるようにし、文語調の表現はなるべく避け、口語化した平明な文章を使うよう指示しているからです。これについて、官庁発行の『手引き』に、「文学ではないから」と断り書きがありますが、このことは、ふつうの文章を書く場合にも当てはまります。

さて、「です」「ます」と「である」「だ」のうち、どれを使うかですが、一番多いのは「である」のようです。だからといって「である」を使うのがよいと言っているわけではありません。文章を書く人の個性や、本の内容によっても違いますし、男性と女性では、文体が違うこともあるでしょう。私はこの本では「です」「ます」調を使っています。「です」「ます」はやさしい感じを与えますし、「である」「だ」からはきびきびした感じが伝わってきます。いずれにせよ、どの文体にするかを決めたら、最初から最後まで、必ず統一しましょう。

焦点を定める

作品が完成し、改めて読み直してみると、途中で焦点がぼけていて、はじめと終わりがチグハグになっているケースがあります。それでは一冊の本にする意味がありません。全体を構想し、各章に何を書くかを考えたら、その内容を順序正しく整理することです。あまりおかしなことを書けば、「一体、この人は何を言いたいのか、何を言おうとしているのか」と思われると同時に、読み手が内容を間違えて受け取ってしまうかもしれません。これは書き手も読者も、ともに迷惑な話です。

書こうとするポイントを見失わないように注意し、どんどん書きすすむことです。書き終えたらチェックすることも大切なことです。出来上がった文章を読み返すことによって、全体のバランスをつかむこともできます。順序を入れ替えた方がよいと思われるところや、表現を変えた方がよりベターだと考えられるところも出てきます。誤字・脱字なども見つかるでしょう。

また、だれかに読んでもらうことをお勧めします。あなたの文章がどれくらい理解してもらえるかがわかるからです。ジャーナリストの扇谷正造さんは、「恋人に読んで聞かせて、よくわからないようだったら書き直せ」と言っていました。恋人でなくても、だれかに読んでもらうことは、よりよい文章を書けるようになる近道といえるでしょう。

実用文と芸術文

文章には実用文と芸術文とがあります。文豪・幸田露伴は、「実用文は地図のごとく、芸術文は風景画のごときである」と言っています。

実用文とは、論文や教科書、ビジネスレターとか、新聞記事などになるようなもの、芸術文とは小説や詩、俳句など、芸術的な味わいを感じる文章です。

実用文は正確に書くことが基本とされますが、芸術文は美しい表現であれば、正確さは二の次でよいようです。しかし谷崎潤一郎は『文章読本』（中央公論社）のなかで、「文章に実用的と芸術的との区別はないと思います」と、次のように言っています。

「文章の要は何かといえば、自分のなかにあること、自分のいいたいと思うことを、できるだけその通りに、かつ明瞭に伝えることでありまして、手紙を書くにも小説を書くにも、別段それ以外の書きようはありません」

最も実用的なものが、すぐれた文章になるということです。

私は小学校の国語の時間に、「新聞の読み方」の授業をうけました。その授業では、各自が自宅でとっている新聞を学校へ持参し、友人のと比べるのです。見比べる前に先生は、新聞記事には「五つのWと一つのHがある」と話されました。

「五つのWと一つのHとは、

When　いつ　（時間）
Where　どこで　（場所）
Who　だれが　（主体）
What　なにを　（客体）
Why　なぜ　（原因）
How　どのように　（状態）

のことです。記者はこれらを取り入れた記事を書くよう訓練されているので、私たち読者にもよく分かるような正確な報道記事となるのです」

とのことでした。そのあと、私たちが持ち寄った新聞三種類を読み比べましたが、ビックリしました。事実は一つなのに、報じられている記事は少しずつ違うのです。記事はバス事故を扱ったものです。まず負傷者の数がまちまちでした。また記事のスペースが小さかったので、完全に5Wと1Hを満たしていないものもありました。記事は記者のペンひとつで書かれ、全国に報道されます。本でも同じです。書き手のペンひとつで内容は綴られてゆきます。そして、内容に誤りがあっても、そのまま読者に伝わってしまうのです。

ニュースが世界中に同時配信される今日、新聞は重要な役割をします。そして年月日がはっきりしている新聞記事は、後に当時の出来事を検証するときや、後の文筆家に大きな影響を与えますから、正確な事柄が要求される部分には、細心の注意をはらうことが必要です。

翻訳する場合

国際化時代の昨今、翻訳ものの出版も多くなりましたが、その基になる出版物は原著者が海外の出版社で発行したものです。したがって出版権は、発行した海外の出版社がもっていて、それを翻訳する場合には、日本の出版社が、発行する権利を買わなければなりません。日本には、海外出版社と交渉する代理店があります。ですから日本にいながら、翻訳・出版の契約を取りかわすことができます。その実際の契約は、日本の出版社がするものですから、ある本を翻訳・発行したいとお考えの方は、出版社の人とよく相談してください。

翻訳とは、原著者の文章を日本文に訳すことです。翻訳に当たっては、原本を尊重し、正確に訳すのが原則ですが、日本人読者にわかりやすくかみくだいて訳す場合もあります。これを「意訳」といいます。原文の語句ひとつひとつにこだわらず、全体の意味をつかんで訳す意訳は、一語一語をたどって正確に訳していく「直訳」より、なめらかでわかりやすいものです。意訳の上手な訳者の手にかかれば、その本は読みやすいものになるでしょう。

翻訳にはとかく誤訳がつきものですが、いうまでもなくこれはしてはいけないことです。かつてある政治家が海外での交渉に臨んで、通訳の誤訳により国家・国民が大きな不利益をこうむったことがります。また以前新聞が、ある翻訳者のひどい誤訳を指摘していましたが、誤訳は原著者や発言者を傷つけるだけでなく、読者に誤った情報を与えることになるので、大きな迷惑となります。

谷崎潤一郎は、前記『文章読本』のなかで、翻訳本の文章についてこう言っています。

「私はよく、中央公論や改造などの一流雑誌に経済学者の論文などが載っているのを見かけますが、ああいうものを読んで理解する読者が、何人いるであろうかと、いつも疑問に打たれます。それもそのはず、彼らの文章は読者に外国語の素養があることを前提として書かれたものでありまして、体裁は日本文でありますけれども、実は外国文の化けものであります。そうして化けものであるだけに、分からなさ加減は外国文以上でありまして、ああいうのこそ、悪文の標本というべきであります。実際翻訳文というものは、素養のない者には分かりにくい。ところが多くの人びとはその事実に気が付かないで、化けもの的文章でも、立派に用が足せるものと思っている。考えるとまことにこっけいであります」

二十年のキャリアを持ち、訳した本が二百冊を超えるという翻訳のベテランＴさんは

「英語ができる人なら翻訳ができると思ったら、それは間違いですよ。英語が読めたり話せたりできる人は、それだけで、翻訳ができるというものではありません。英語を日本語に直し、なおかつ文章を書ける人が翻訳のできる人です。そういう人は日本語で文章をつくらせても、すばらしい文章が書けるはずです。専門書を翻訳する場合、訳者に専門の知識がないと、とんでもない訳になってしまう。こんな例は多くありますよ」

と言っていました。

有名な作家の翻訳本が何社かで出版される場合がありますが、訳者によって、その本の評判

が高かったり、芳しくなかったりすることもあるようです。

日本語で書いた自分の本を、英語、ドイツ語、フランス語にして、日本文の本と同時に発行する場合もあります。最近は、語学の達者な人が多く、わが社の「出版サービスセンター」でも、英語と日本語で、同時に発表した例もありました。このような出版は、国際化時代の現代に、日本の思想や文化を世界に知らせる文化交流にもなります。

話し言葉と文章言葉

文章は単語から成り立っているということは、だれしもご存じのとおりです。そして私たちが日常話している言葉も単語の集まりです。朝起きて「おはようございます」から、夜寝るときの「おやすみなさい」まで、その間私たちはいろいろな話をします。話し言葉はわかりやすい、やさしい表現なのです。

ある先生の講演を聴いたら、わかりやすかったのに、その先生が同じ内容の本を書かれたので、それを読んでみたところ、全く面白くなかった、わかりにくかったというご経験はありませんか？このようなことは、話の内容が専門的になればなるほど起こるものです。話が専門分野にはいっても、読み手に専門知識があれば問題はないのですが、専門知識に疎い人びとの多くに理解してもらうためには、それだけの丁寧なわかりやすい説明が必要です。話ならジェスチャー交じりに説明できますし、サンプルやスライドを見せることで説明の助けとなり、聴衆の理解を深めることもできます。しかし、それと同じ内容のものを本にした場合、よほどわかりやすく平易に書かれていなかったら、専門知識に乏しい読者は、理解に苦しみ、結局、最後まで読み切る気になれず、部屋の片隅か本棚の奥に片づけてしまうことになりかねません。専門家だけを対象にしたものならそれでよいでしょうが、多くの人に読んでもらいたいとの意図があるなら、わざわざむずかしい言葉を探して書き綴ることは避けるべきです。最近の読者は、むずかしい言葉や理解に苦しむ文章をありがたがることはありません。専門的な用語にはわかりやすい説明をつける配慮をお忘れなく。

ちょっと極端かもしれませんが、たとえば「販売価格を提示し、回答してください」なら「これはいくらになりますか、教えてください」ということと同じ意味です。ただこれも、書かれるものやその場の状況によって違うことはもちろんです。

話し言葉はわかりやすいものです。こういう言葉を使って読み手に理解しやすい文章に綴っていけば、よく中身を納得していただけることになり、読者も増えることでしょう。

標準語も時代とともに少しずつ変わってきています。旧かな、旧漢字で教育を受けた方でも、本を出されるときにはなるべく現代仮名遣いや常用漢字を使うのが望ましいと思います。

楷書《かいしょ》で正確に書く

原稿は必ず正確な文字で書きます。誤字・脱字や当て字は、書き手の人柄、知識の程度をさらけ出してしまいます。最近は電話や電子メールで済ませて手紙を書く習慣がうすらいできました。また入学試験なども○×式が多くなったせいか、文章を書く機会が少なくなっているようです。それではいけないと学校でも、先生方は、試験の形式を○×式から記述式に積極的に変えているようです。

原稿はできるだけ楷書で、はっきり書いてください。達筆な人が、草書や行書で原稿を書いたとします。それが基本どおり正確にくずしてあっても、活字に直す人は、書道家ではないので、とても読みにくく、時間もかかります。楷書で書いてあるのとくずし字の原稿を活字に組んだ場合では、楷書の方が、早くて誤植の少ないものに仕上がるのは間違いありません。

略字も誤植の原因になります。なるべく略字の使用も避けてほしいと思います。

文字の書きようで、意味の違った文章が刷り上がったのではつまりません。後悔すること間違いないでしょう。

印刷屋さんの話では、字のきれい、汚いというより、書きなぐったような乱暴な字やくずし字は困る、だれでも読める正確な字を書いてもらうことが一番仕事がはかどる、ということです。正確で、丁寧な文字を書くことは、編集・印刷の仕事をはかどらせ、本が早く出来上がる結果となるのです。

近ごろはパソコンで打った原稿が増えてきました。きれいで読みやすいのですが、入力時の変換ミスが案外少なくありません。機械を過信しないで同音異義の用語には細心の注意が必要です。

タイトルの書き方

原稿には短いもの、中ぐらいのもの、長いものがあります。

◇ 短いもの＝ひとつのテーマについて、四百字詰め原稿用紙一、二枚でできているもの。
(例＝故人への追悼文、思い出など)

◇　中ぐらいのもの＝分量が数枚以上になり、見出しを立てて内容を説明しているもの。
（例＝リート・評論・諸論文など）

◇　長いもの＝数十枚から数百枚に及び、内容も章や節を設けて説明し、まとめたもの。
（例＝書籍の原稿、大論文など）

ところで、以上の「労作」に付けるタイトルの書き方は、短、中、長編ではそれぞれ違ってきます。二、三枚程度の原稿につけるタイトルは原稿用紙の五、六行分を使い、マス目からはみ出すぐらいの大きな字で書きます。その行数には執筆者の氏名も含まれます。氏名を書かない場合は三行分ぐらいにタイトルを収め、その次から本文にはいります。中ぐらいの長さのものもほぼこれに準じますが、原稿用紙一枚分にタイトルと氏名を書き、本文は二枚目から書き起こす場合もあります。長編ものの場合は、原稿用紙の中央にまずメーンタイトルを掲げます。そして次のページから中見出しにあたるものを書いて本文にはいります。中見出しは、第1章、第2章・・・と分け、あるいはさらに「節」という形をとる場合もあります。それぞれの中見出しのなかで、いくつかの小見出しが必要になるのがふつうです。小見出しは原則として三行分をとります。

こうして区分けしてやると、見出しと本文の見分けがつき、本文の中身が表示できます。

写真・図版の入れ方

本のなかに写真や図版を入れると、内容をよりわかりやすく説明するのに役立つものです。図版のなかには、設計図、数表、グラフ、カット、イラストなどが含まれます。設計図や数表などは、新しく正確なものを使用します。ただし、図版や写真を多く使えば、それだけ制作費がかさみますから、自費での出版には、写真集のようなものは別にして、適当な量にとどめておかれるのが賢明でしょう。

写真は、カラー印刷でない限り、本文には白黒写真の鮮明なのを使います。ピンボケの写真を使いますと、印刷した場合、なおボケたものになってしまいます。適当な写真がない場合は、どの出版社にもカメラマンがいますので、頼んで撮影してもらうとよいでしょう。もちろん実費は請求されます。本文に入れる写真は白黒と申しましたが、口絵に入れる場合はカラー写真を使うと見栄えがするものです。

写真説明を入れる場合は、その分のスペースをあけ、横書きか縦書きかを明示しておきます。

図版などは、できるだけ正確に、スミか黒のインク、または黒のサインペンで描きます。カットも青色を使わず、黒のインクかスミで描きます。黒い色で描いた原画の方が印刷効果がよいからです。図表やカットの製作は出版社に頼むこともできますが、単行本、パンフレット、雑誌などから引用して使うときは、その出版元か著者に問い合わせ、承諾を得てからにします。話し合いの結果によっては、使用料を支払わねばならないこともあります。また出典などは必ず明示しておきます。

写真や図表などを使う場合には、なるべく本文と合った場所に入れるのが望ましく、そのため原稿用紙の欄外に鉛筆で「この位置に○○の写真が入る」「ここに××の図版を入れる」旨を記入しておきます。組むときに助かるのです。そしてその写真や図表には、原稿の何ページに入れてほしいということを指定しておきます。この場合、直接書き込むのではなく、トレーシングペーパー（文房具店にある）をかけて、その上に鉛筆で書き込んでおきます。

文中に使う写真や図表、図版を全部一緒にして、別の用紙にそのリストを個条書きして添え書きにしておくと、間違いが少なく便利です。

引用する場合　私たちが自分で考えたものは、ごくわずかしかありません。生まれてからこれまで、親兄弟はもとより、他人に教えてもらったり、書物から知識を得たりして今日までできたのです。原稿を書く場合にも、他人の書いたものを引用する例がしばしばあります。引用することはむずかしくありませんが、その場合でも一応の常識というか、エチケットはあります。だまって借用して書いたのでは、それは「盗作」になります。盗作は著作者、出版社の権利を侵害することになり、場合によっては裁判ざたにも発展しかねません。外国の著者に対しても同じことです。

では引用する場合、どのようにしたらよいのでしょうか。まずその出典を明記することです。

(例＝筆者名、書名、出版社名。あるいは筆者名、雑誌名、発行年月と号数)

引用文は原則として、原文のまま使用します。そして、著者と出版社の許可をもらいます。知的所有権をもつ作品は、有料の場合がありますので、その際は権利所有者との話し合いによって料金を支払うことになります。

読み返すこと　出来上がった作品は、必ず推敲《すいこう》します。推敲とは、岩波の『国語辞典』によると、「詩や文章をよくしようと何度も考え、作り直して、苦心すること。▽唐の賈島《かとう》が『僧は推す月下の門』の句を得たが、『推』を『敲』に改めた方がいいかどうかと苦心した故事による。なお『推考』で代用される場合もある」と紹介されています。

一流の作家でも、必ず推敲はしています。はじめて本を書く人なら、原稿を多めに書き、それを圧縮して内容の濃密なしまりのある文章にする努力は必要ではないでしょうか。本当にすばらしい文章にするためには、清書の前の下書きが一、二回は必要なのです。推敲を数多く重ねることによって、すばらしい小説や論文が生まれるといっても過言ではないでしょう。

読み返すに当たっては、次のことに気を付け、終わったら清書します。

① 図や表は正しい位置にはいっていますか。
② 中見出し、小見出しは全部統一されていますか。
③ 人名、地名などに誤りはないですか。
④ データなどの数字に間違いはないですか。
⑤ 誤字や脱字はないですか。
⑥ 引用文の出典は正しく記入してありますか。
⑦ 、。などの記号は正しく使われていますか。
⑧ 文体は統一されていますか。
⑨ 適当な改行（行がえ）はなされていますか。
⑩ 内容がテーマから外れていないですか。

注目される「序文」「目次」

本文を書き終えると、「まえがき」「あとがき」「目次」を書きます。

「まえがき」――序文ともいう――にはふつう、本を書く動機、といったものを書き「あとがき」には、書き上げたあとの感想などを書きます。「目次」は全部書き終わってからまとめます。

本を選ぶとき、あなたはその本のどこから読み、選びますか？　私が何軒かの書店の店員さんに聞いたところによりますと、お客さんの多くは店頭で、まず本にかけてある「帯」を見、さらにパラパラとページを繰って序文と目次を見て、買うかどうかを決めているということです。新聞の書評欄担当の人も、やはりはじめに見る（読む）ところは、序文と目次と言っていました。とすると、序文や目次は絶対に手を抜いて書いてはいけないということになります。ですからその部分は全力投球で書かれることをお勧めします。

目次にはページを入れる作業がありますが、原稿の段階では確かなことはわかりません。と言いますのは、本文の一ページは四百字詰め原稿用紙でほぼ一枚半ですが、見出しを何行分とるかによっても、どこまでが一ページになるか、わかりかねるからです。目次は本の順番通りに見出しを書き、ページを差し込む部分だけはあけておきます。その部分は組みあがったあと、出版社の方で入れます。

このほかに「奥付」があります。奥付は出版社名や住所、発行社名、発行年月日、定価、著者紹介などがはいりますが、これは出版社の作業。最近はカバーに刷り込んでいるケースも見かけます。

著者紹介では、生年月日、学歴、職歴、あれば既刊の著書などのほか、著者の写真などを入れることもあります。その場合、白黒でもカラーでもきれいなものを使います。全身の写真より上半身のものの方が顔がよくわかり、よいでしょう。

これで本の形になりました。

原稿を送るとき　原稿を書き上げたら、順番どおりにナンバーを入れます。これは原稿用紙がばらばらになるのをふせぐためです。少量のものならホチキスで、量の多い原稿はひもでとじます。

出版社へ渡す前に、原稿は必ずコピーしてください。原稿を出版社に届けるには、直接持って行く方法と郵送または宅配する方法があります。後者の場合、原稿を送っても、途中でなんらかの事故があり、出版社に届かなかったら、どうしますか？　あるいは組みあがる前に原稿がどこかでなくなってしまったらどうしますか？　せっかく書き上げ、推敲に推敲を重ねた苦労も、それこそ水の泡です。紛失してから、控えを持っていればよかったと悔やんでも、後の祭りです。必ず控えのコピーをとっておきましょう。

まとまった量の作品を送るときは、しっかりした封筒に入れ、必ずひもをかけましょう。以前、実際にあったことですが、封筒だけ到着して、肝心の中身がどこかへ消えてしまったという不思議な事例もありました。しっかり荷造りして宅配便などで送る人も増えています。多少乱暴に扱われても大丈夫なように、二重に包み、ひもをしっかりかけてください。最近はパソコンで書き上げた原稿をフロッピーやディスクに収録して郵送したり、インターネットで送信する例もあります。その場合でもプリントアウトしたハードコピーも別途届けるようにした方が校正に便利です。

第7章　本ができるまで

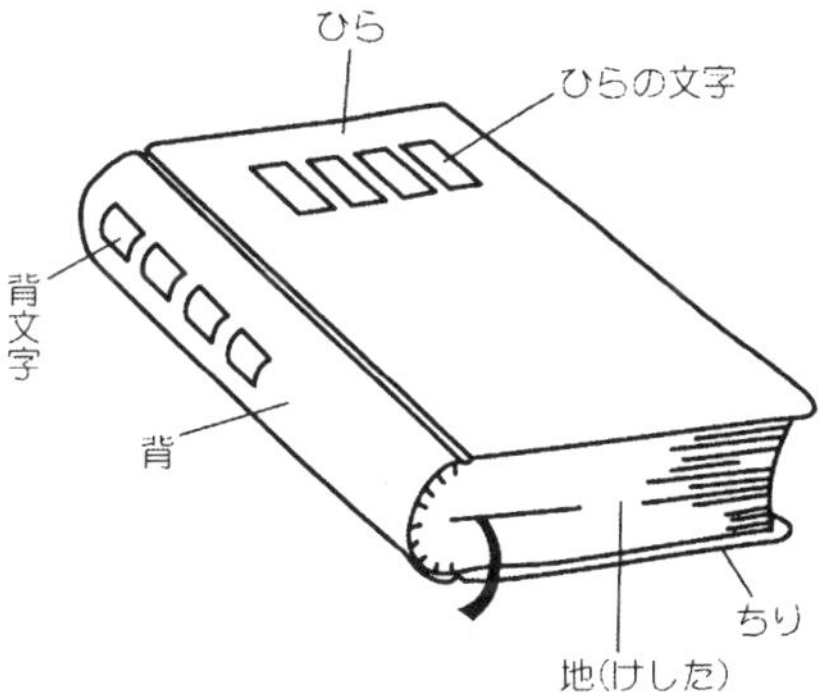

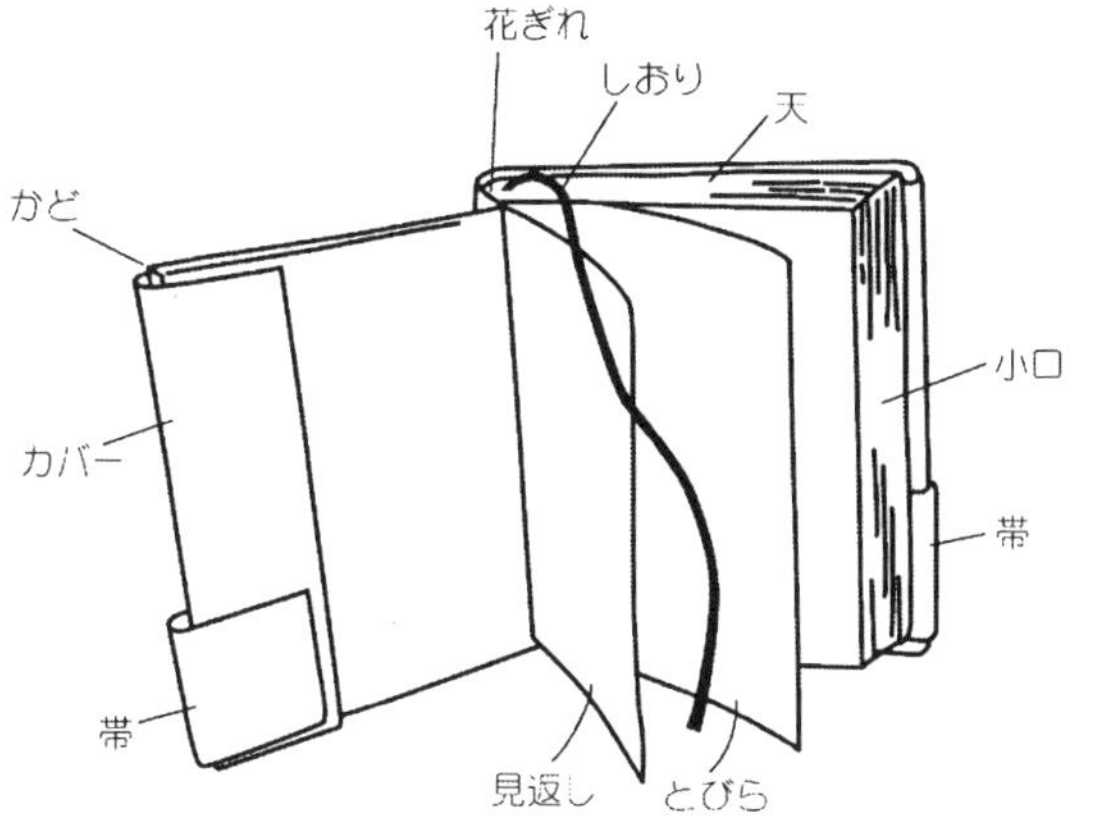

本のつくり方

本は次のような構成でできています。

上製箱入りの場合　①箱　②カバー　③表紙　④前見返し　⑤本扉　⑥口絵　⑦序文　⑧目次　⑨中扉　⑩本文　⑪付録　⑫索引　⑬あとがき　⑭奥付　⑮後付け広告　⑯後見返し　⑰裏表紙

並製本の場合　①カバー　②表紙　③前見返し（ない場合も）④本扉（別の紙）⑤まえがき　⑥目次　⑦中扉　⑧本文　⑨付録　⑩あとがき　⑪奥付　⑫後付け広告　⑬後見返し（ない場合も）⑭裏表紙　（注＝⑤〜⑫は共紙）

以上のつくり方は、どの出版社でもほとんど同じです。

右の構成要素を説明しましょう。

箱　「ケース」とも呼ばれ、本を納める外箱です。

カバー　表紙を覆うもので、箱入りの場合は、表紙にパラフィン紙やセロファン紙をかけることもあります。

表紙　製本形態によって、上製本の場合は厚表紙（ハードカバー）、半上製本の場合は、芯紙《しんし》入りの軟表紙（ソフトカバー）、並製本の場合は、芯紙のない厚紙だけの表紙と三種類あります。

見返し（前見返し）　表紙と本の中身をつなぐ部分で、半分は表紙裏に張り付けられます。

扉（本扉）　多くは別刷りで、書名・著者名・発行所名などが表示されています。並製本の場合には本文と同じ紙で印刷してあるときもあります。

口絵　雑誌の場合には「グラビア」（グラビア印刷することが多いところからきた呼称）とも呼ばれています。冒頭のカラーページです。

序文　「はしがき」「まえがき」「はじめに」などともいいます。推薦文を入れる場合は、この序文の前におくのがよいでしょう。

目次　本の中身を個条書きにする目録。

中扉　本文を「編」や「章」などによって大別し、それぞれの冒頭に、タイトルページを設けます。このために奇数ページ起こし（改丁）によるのが原則とされています。扉の裏を白紙にする場合と、裏ページから文章を組み込む場合とがあります。

本文　本の主体となる記述部分です。このなかに、別刷りのカラーページなどがはいる場合もあることがあります。

付録　巻末に付ける参考資料などをいいます。

索引　本文中に出てくる専門用語や人名などを抽出して、その掲載ページを示す五十音順の一覧項目。

あとがき　「後記」「おわりに」などともいいます。

奥付　書名・著者名・発行日・発行所・印刷所と、その住所や電話などを表示した部分。

後付広告　出版社の既刊本の広告などを紹介したページです。

見返し（後見返し）　前見返しと同じ紙。

表紙（裏表紙）　前表紙と同じ紙。

以上、おおざっぱな説明ですが、右開きのタテ組み本も左開きのヨコ組み本も基本的にはこのように構成されています。おわかりいただけたかと思います。

本ができるまで

原稿整理　出版社が執筆者（著者）から完成した原稿を受け取ると、印刷所へまわす前に編集者が、内容の事実関係、構成、順序を検討します。次に用語・用字、誤字・脱字の点検・修正、標記の統一をはかります。原稿に不明な点があれば著者に問い合わせるのも編集者の仕事です。

判型、組み方の指定　原稿が完全になったら、次は判型を決め、組みの指定にはいります。縦組みか横組みか、一段組みか二段組みかを決めます。これは著者の希望や原稿の内容・分量によって選びます。判型とは、後で説明するように、本の大きさをいうものです。一般書、学術書はB6判かA5判がほとんどです。

活字指定　判型と組み方が決まりましたら、次は本文の活字の大きさ（ポイント）を決め、字詰めや行間、一ページの行数などを決めます。活字があまりぎっしり詰まっていては読みにくいのでこれを避け、適当に余白があり、読みやすいような活字を選ぶのがよいでしょう。本文の組み方が決まったら、いわゆる柱（ふつう奇数ページの上部か下部に掲げる、その章なり項なりの表題のこと）と、ページナンバーの位置を決めます。ページナンバーの活字の大きさは本文より小さめのものが一般的です。

見出しの活字は本文より大きな活字を選びます。見出しの行どり（本文の何行分を使うかを決めること）は、小説や学術書、そのほかの出版でも当然違い、いろいろありますから、あなたの好きな組み方があれば、それを見本として出版社へ持参し、このタイプでお願いと注文されればよいと思います。

再点検↓印刷へ　すべての指定が終わると、編集者は印刷所へ渡す前に指定もれがないかを確かめるために、もう一度原稿に目を通します。この原稿が活字になるわけですから、十分に注意し、万全を期するのです。

出版社から印刷所へ原稿が渡ると、活版印刷では、活字台から文字を選ぶ作業をします。これを「文選」といいます。文選がすむと原稿と一緒に組み版にまわされます。組み版では、送られた活字を指定どおりに文章に組みととのえる作業をします。

しかし、活版印刷は人手と時間がかかるためいまはほとんど行われなくなり、最近は文選に代わってタイプやコンピューターによりキーボードから文字を入力して文章をつくり、画面で組み版まで確認して、印刷用の原版を作成する方法が主流になっています。活版時代に使われた鉛版に代わって、フィルムで原版をつくり、それをもとにアルミや樹脂系の刷版をつくるのです。これをオフセット印刷機にかけ印刷します。

校正作業　出来上がった最初の原版を「版下」といいます。これを校正のための試験刷り（校正刷り）にかけます。最初の刷り上がり（ゲラ）が出てくると「初校」にかけます。ゲラが印刷所から出版社に戻ってくると、編集者（校正係）が、赤インクか赤鉛筆で校正します。誤植や組み落ち、原稿の誤りを正す作業です。

念には念を入れて点検し印刷にまわった原稿でも、なお見落としがあったり勘違いがあったり、印刷の段階でもミスが出ることが必ず起きます。これを発見して正すのが校正の役目です。誤りを指摘し、正しく直すのには、印刷・出版の業界で決め、日本工業規格（ＪＩＳ）にもなっている一定の校正記号を使います。

出版社の校正がすむと、赤字の入った校正刷りを原稿と一緒に著者に戻し、著者校正が行われます。一般的には著者校正は初校だけですが、直しの多い場合は再校まで行うことがあります。

著者によって校正された校正刷りは、印刷所に返され、赤字の個所が修正され、出版社で再校となります。再度の校正が終わると、「校了」または「責了」（責任校了）と表記され、印刷所に戻します。責任校了とは、あとは印刷所の責任で誤りのない印刷を終えるよう任せるということです。

平版・凹版印刷　印刷には、凸版印刷、平版印刷、凹版印刷があります。凸版印刷については、あまり使われなくなっているので省略します。

平版印刷は水と油脂との反発性を利用したものです。文字や図形で模様になっている部分に油脂性のインクが付着するようにして、それ以外の部分には水分を一定時間保持できるようにしておくと、油脂インクの部分は水を反発するので、インクは常に表面に浮いた状態になっています。水分のある部分は油脂インクを反発するのでインクは付着しません。この版の上に紙を置いて加圧すると、印刷が出来上がります。これを「直刷《じかずり》平版」といいます。この原版にインクを盛って、いったんゴムの板（ゴムブランケット）に印刷し、さらにゴムブランケットから印刷紙に転写する方法を「オフセット印刷」といいます。

凹版印刷は、アルミや樹脂製などの版材の表面に、画線部分を薬品やレーザーで腐食し、表面より低い凹面の画線を形成し、ここにインクを流し込みます。画線以外の部分のインクはふき取り、ここに紙を押し付けて凹面に残っているインクを紙に写し取って印刷する方法です。この方法は彫刻凹版、グラビア印刷などに用いられます。

装丁　印刷が完了すると、刷本は、製本所に引き渡されます。
出版社では、印刷に並行して装丁の準備をすすめます。人間でいうと顔の部分にあたるところです。内容、用途、判型にあったものをデザインします。作品のイメージにあった装丁をデザイナーや画家に頼むケースが多いです。

製本　製本は、最後の仕上げです。
小唄に「からかさの、骨はばらばら紙やぶれても、はなれまいぞえ、ちどりがけ」という唄がありますが、開いたらばらばらにとれてしまうような本ではどうしようもありません。古くなって虫にくわれても、とじ方だけは、しっかりしている方がよいわけです。
とじ方は三種類に分けられます。針金とじ、糸かがり、無線とじの三種です。

針金とじ　書籍の場合もありますが、主として雑誌のとじ方で、雑誌はみなこの方法です。右側の背に近いところを二、三カ所ホチキス（針金）でとめるだけです。これを並製本といいます。

糸かがり　書籍の製本です。

十六ページずつまとめて折ったものを、背にあたるところに糸　　を通してとじる方法です。

無線とじ　十六ページずつに折ったものを集めて、背を切り落とし、これにわずかな深さに切り込みを何カ所か入れ、強力な接着剤で表紙に張りつけるか、または寒冷紗という薄い布を接着します。電話帳や、『文藝春秋』などの分厚い雑誌などに使われています。

糸かがりされる上製本には丸背と角背があります。かがりが終わると、ならしという作業をします。背に糸がはいっていますので、高い部分をならし機にかけて背と罫下《けした》をならします。そして仮固めをして、化粧裁ちをします。次に折れこみを調べ、小口の美観とほこりの付着を防止するために、小口装飾をします。次は背固めをします。これで本文の作業が終わりました。

表紙　こんどは表紙です。表紙は、軟らかい表紙（ペーパーバックス）とボール紙の芯を使った堅表紙があります。堅表紙には丸背と角背とがあり、表紙に箔押《はくおし》をしてあるものもあります。

これは、表紙に箔をのせ、その上から熱した金版で押す仕事です。箔を使わずに金版を熱して表紙を押したものを空押《からおし》といいます。それがすむと、表紙ぐるみをします。背固めが終わった中身に表紙をつける作業です。このあと前後の見返しにのりをひいて表紙を張りますと、本の出来上がりです。

このように、いろいろな人の手に渡り、日数もかけて本が出来上がるのです。仕上がりのよい本は何回見てもいいものです。

判型＝紙の大きさ

Ａ判とかＢ判というのは、紙の大きさにより、仕上がりの寸法が、日本工業規格（ＪＩＳ）によって決められているものです。Ａ判の用紙の切り方によりＡ５判にもなるし、Ｂ判の用紙の切り方によって、Ｂ６判もできます。

このほかに四六判、菊判、新書判、変形判などがあります。

◇　A判仕上がり寸法
（単位　ミリメートル）

A 1	594×841
A 2	420×594
A 3	297×420
A 4	210×297
A 5	148×210
A 6	105×148
A 7	74×105
A 8	52× 74

◇　B判仕上がり寸法
（単位　ミリメートル）

B 1	728×1030
B 2	515× 728
B 3	346× 515
B 4	257× 346
B 5	182× 257
B 6	128× 182
B 7	91× 128
B 8	64× 91

AB 1判

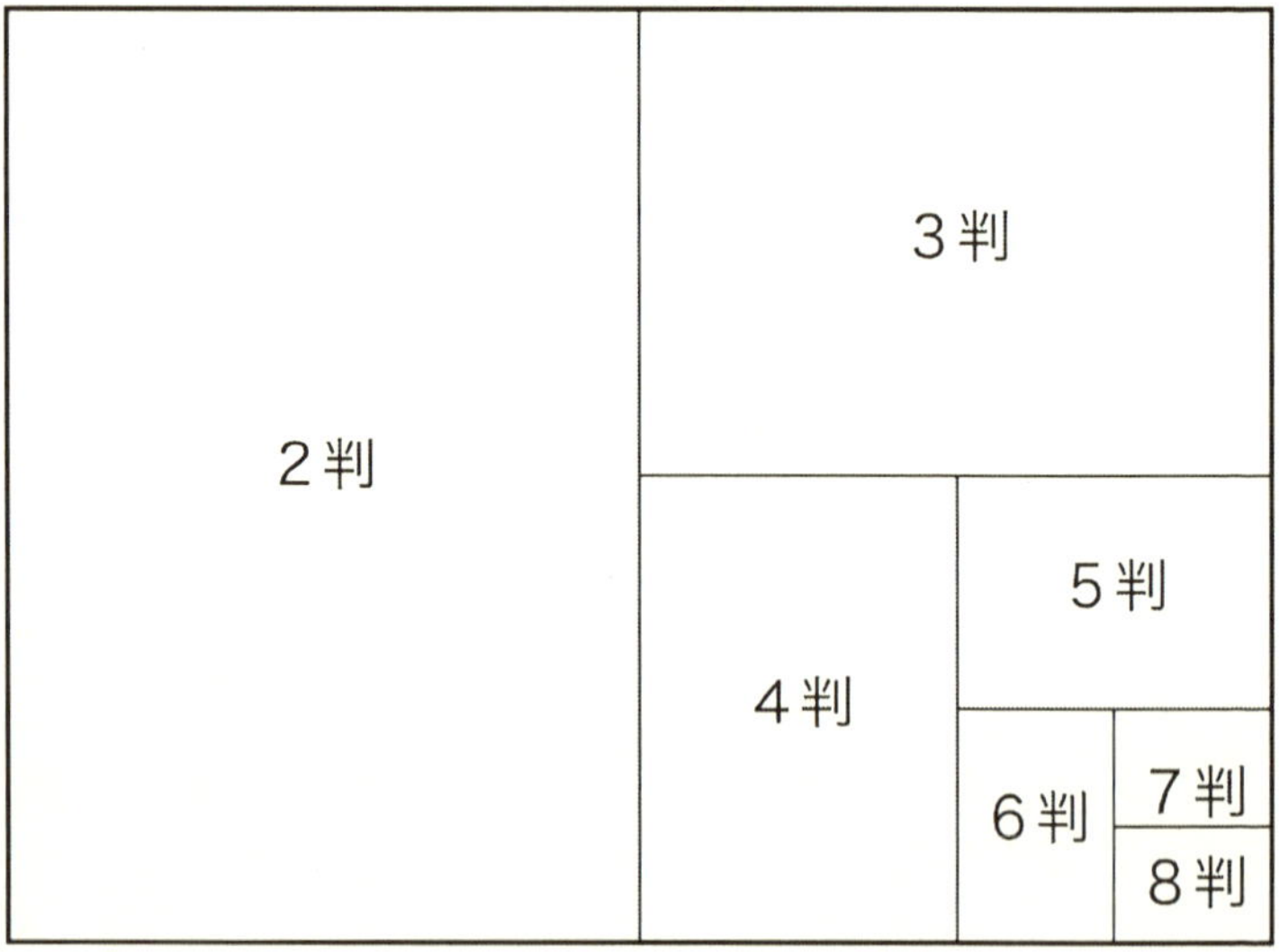

第8章　良心的な出版社を見つける

インチキ出版社もある

出版社は有名な作家ばかりを追いかけているのではありません。新人を発掘したいとも考えています。しかし、新人ならだれでもいいのか？　ということになりますと、そうはまいりません。将来有望であることが第一条件になります。原稿を書いて出版社へ送りさえすれば、本にしてくれるのではないか、という甘い考えで原稿を送っても、それはむずかしいことです。原稿を送ってくる人は数多く、原稿は出版社の編集デスクに山積みになっているのですが、編集者は多忙のため、全部の作品に目を通すことは困難な状態です。またその作品が仮に本になったとしても、売れるかどうか疑問があれば、出版社は積極的に動きません。当然のことです。

社史、校史のように、はじめから書店に出すことを目的にしないものもあります。その場合は自費出版になります。ふつう、一般の内容のものでも出版社に当たってみて本になりそうもないとき――つまり、売れず、もうからない本――それでもなお出版を希望するときは、自費出版することになります。

出版社が成立するようになったのは、取次業が発足した明治十年代になってからだと、文献に載っています。そして、近代のような出版業の始祖とみられているのが、明治二十年の「博文館」の創立です。

出版ニュース社調査（二〇〇五年三月）によると、日本の発行所は四千二百六十社。出版業界は浮沈がはげしく、発足後五年で創立時の二分の一に、さらに五年後には四分の一になってしまいます。その間にまた新しい発行所が次々に生まれてはいるのですが、総数はわずかずつ減る傾向にあるようです。自費出版する側にとっては不安な話です。それだけに出版社は慎重に選ばなければなりません。

「自費出版承ります」と看板を出しているから大丈夫だろうと思って飛びついてひどい目に遭ったという話も聞いています。

以下はある印刷屋さんの話です。

「ぼくの友人の印刷会社の人から聞いた話なんですがね。『新規に創立した出版社だが、自費出版専門で仕事をするから、印刷してほしい。原稿はこれです』と割り付けまで指定し、『千冊刷るようお願いします。納期は〇月〇日まで、見本は百部、ここまで運んでください』といくらかの頭金（前金）と名刺をおいて帰ったんですよ。まあ、仕事がはいれば、印刷屋だからやりますよね。前金までくれたんだから、信用もしますよね。約束の期日に、見本百冊を届けに行くと、出版社のその人は、『よくできた』と喜んでくれたそうです。そして残りの九百冊は○月○日に持ってきてくださいと言ったので、その通り納品に行ったら、だれもいないんですよ」

その事務所には机もなく、電話も取り外されていたそうです。

その出版社の社長という人は札付きの詐欺師で、自費出版の看板を立てては、お客さん側からは本をつくると言って原稿とおカネを受け取り、印刷屋に行ってはいつもいまのような手口で、損害を与え、ドロンするという詐欺行為を繰り返していたとんでもないヤカラだったのです。

被害に遭った印刷屋さんは、「結局、不要な本をたくさんかかえ、最後までカネは未収のまま、犯人はわからずで、頭をかかえちゃってますよ」

全くひどいインチキ出版社があるものです。あなたが自費出版しようとされている出版社は大丈夫ですか。信用できる会社ですか。まずそれを事前にしっかり調べることです。小さい出版社でも大きい出版社でも、実績のある、親切で良心的な、あなたの希望条件に合った出版社を探してください。また、あなたがせっかくの自費出版本なのでぜひ商品として販売してほしいと希望されても、販売は一切取り扱わないという出版社もありますから、その点もよく調べておいてください。

はじめ自費で出版したものでも、好評で重版することがあります。そうすると、今度は自費出版でなく、ふつうの出版物に切り替えてくれる、そんな出版社もあります。

ところで、どんな内容でも出版社が出版してくれるかというと、そうはまいりません。豪華版から豆本までの判型の種類によっても、内容によってもそうですが、出版社によって得意な分野と扱えない分野があります。定価をつける本はとくにそうです。あなたの原稿の内容が、その出版社の肌に合っているかどうか、あらかじめ下調べしてから行かれるのが良策ではないかと考えます。

ほとんどの出版社は、見積もりは無料でつくってくれます。おカネを出す前に自分の目でよく見て、確かめ、この原稿はどの出版社で出したらよいかを考えてから行動してください。信頼のおける出版社を見つけることは、よい本、納得のいく本を生むことになるからです。

自分で普及に心がける

自費出版は、出版社が宣伝してくれるわけではありません。地方で、自費出版物などの注文だけを取り扱っている会社のAさんが、こう言っていました。

「自費出版された人で、本さえつくれば売れると思っている人が多く、ときどき相談をうけます。出版社の方でも、ライターに、新人が定価を付け、店頭で売ることは大変なことだと、よく話しておいてあげてください。そうすれば、本をかかえて困って相談にくるケースも少なくなると思います」

つくった著書を、他の人に知らせる努力をするのはあなた自身です。本の普及に心がけ、自分でチラシを配ったり、知っている書店があったら自分で足を運んでみることです。雑誌社や新聞社の書評担当者に送って、書評を頼むのもひとつの方法です。内容によっては紹介してくれるかもしれません。新聞や雑誌に載れば、宣伝効果は抜群です。多くの人に知らせるきっかけになります。

出版物は、新しく発行したときに必ず一部を、国立国会図書館に納品することに決められています。たとえ自費出版物でも同じです。国立国会図書館法（第二五条の二）によると、「本を発行したら、一部納めなければならない」（違反すれば過料）と定められています。しかし、この制度はあまり知られていないので、実際にはすべての書籍が集まるとは限らないということです。

同図書館に本を送りますと、必ず「本を受け取った」という内容のはがきが送られてきます。そのはがきを手にしたときから、あなたの本は大切に文化財として保存されるのです。

見積もりをとる

自費出版の場合、いくらかかるかが気になるでしょうから、出版社に頼んで見積もりを出してもらうことです。豪華版のものと、上製本で箱入りになっている本と、ソフトカバーの本では、当然かかる費用が違います。また用紙を上質紙にするか、中質紙か、厚さ、重さによっても違います。

よく印刷屋と出版社の見積もりを比較する方がいますが、編集作業を省いた出版物は、あとで訂正用紙を入れることが多くなり、体裁も悪く、余分なコストがかかるので、気をつけた方がよろしいでしょう。

写真版や図表などは、内容をよりわかりやすくするのに役立つものですが、何枚入れるかによって製作費が違いますし、活版かオフセットにするかでも大きく費用は違ってきます。原稿の内容によって活版かオフセットのどちらがよいかは、出版社の人と相談のうえで決めることですが、どちらが高いか安いかは一概にいえません。発行部数によっても異なります。ですから、費用の話は、原稿となかに入れたい写真や図版のほかに、見本になりそうな本も持っていって出版社で見積もりを出してもらいます。

原稿を出版社に渡すと、出版社では、原稿の整理——内容の検討や用字・用語の整理、小見出しを付けたりする作業があります。この場合、原稿の量や整理の仕方によっても料金がまちまちです。字が読み取れないほど汚かったりすると、書き直しするために手間がかかりますので、料金が加算されます。

福田清人氏は『文章教室』（旺文社）のなかで、近代小説の父といわれるフランスの文豪バルザックについて、次のように書いています。

「バルザックはその原稿を印刷所に渡して、校正刷りがくると、赤インクで真っ赤に直し、また印刷所へ渡すことを繰り返し、十数回に及び、結局、原稿料より印刷所への払いが多かったという話がつたわっています」

バルザックのような校正の仕方のまねをすれば、完成の期日が遅れるばかりでなく、追加料金は大変なものになるでしょう。バルザックの印刷所泣かせの話を聞いた尾崎紅葉のことを、福田清人氏はまた『現代文章宝鑑』（柏書房）のなかで、次のように書いています。

「この話をきいて、わが明治の文豪・尾崎紅葉は、わが意を得たりといっています。紅葉は『七たび生まれかわって、文章のためにつくそう』といったほど、文章に骨身をけずったひとでした。『俳句は簡単ななかに含蓄がこもっている。文章をみがくのにいい練習になる』といい、そのために、俳句にも熱心だったのです」

バルザックも紅葉も、すぐれた文章を練るのに一生懸命だったということでしょう。しかし、あなたの出版の場合は校正で直すのではなく、原稿で納得のいくまで手を入れ、ひとたび出版社に提出した原稿は、校正であまりさわらない方が賢明だと思います。自費出版は個人が全部費用を支払わなければなりません。すべては自身にはね返ってきます。

よい本は読者を変える

すばらしい本は、読者の考え方を変えることが往々にしてあります。

善本社から出版した村井順著『ありがとうの心』の愛読者カードのなかに、ある高等学校の男子生徒から寄せられた次の内容のものがあります。

「先生、ぼくは先生の著書を読み、今まで不満が多く、もやもやしていた自分の気持ちが整理できました。感謝する気持ちを持ち、日本の文化を受け継いで後世に手渡しする立場が、いかに大切であるかわかりました。ぼくは今高校生です。あと五年もすれば社会人になります。その時は、後世の人のために、よりよい文化を作るよう心がけなければと思う気持ちでいっぱいです。本の中から得た先生の教えをありがたく思っています」

立派な先生の教えは、直接聞くことができればそれに越したことはありませんが、講演だけでも結構、聞くチャンスに巡り合えることができたときは幸せです。それが無理な場合は、本ででも教えてもらうしか方法はないのです。著者が亡くなってしまっている場合にはとくにそうです。よい本をいつも傍らに置いて、活字を通して著者とコミュニケーションをもつことは、すばらしいことだと思います。

オルコットの言葉　ビニール本が話題になり、アダルトブックという看板をかかげた本屋さんが目につきます。「ビニール本は脳の害虫」と、女性の私などは考えてしまいますが、それを販売する書店が増えているのは、求める読者が多いからでしょう。

自費の出版物でも一般の本でも、出版すれば多かれ少なかれ、社会に影響を与えることは間違いありません。悪影響を及ぼすような内容でなく、プラスになるような本を書こう、ということもお考えください。

「良書とは、期待をもって開き、利益を収得して閉じる書物である」――アメリカの作家アモス・オルコットの言葉です。良い本を出したいというのは、心ある出版業者の願いでもあるのです。

私は現在、出版社にいて、本屋さんにセールスに行く機会がたびたびあります。そんな折、読んでもあまり意味がなく、教養が身につくとは思えない内容の本が、店頭で大きなスペースを占め、まじめに書かれたりっぱな本が売れないため絶版になったりしているのを見たり、聞いたりしますと、やりきれない気持ちにかられます。出版の仕事は、新聞、ラジオ、テレビなどと同様、社会に大きな影響をもたらしますが、こういうことを考えますと、「質は悪いが売れる」ものを、店頭の一番目につくところに置いて、読者に目立つよう仕向け、質の悪い本しか読めないような人を大量生産している書店には疑問を感じます……。

以前、マンガは本を読む習慣をつけるための導入手段と考えられていました。しかし、いまでは、質の悪いマンガに始まり、マンガに終わる読者も少なくありません。そのままねれば、家庭内暴力や、校内暴力、非行につながりかねないような本にお金を使うのをやめ、それより良書を読んだ喜びと、書店側には良書を読んでいただける喜びを味わってほしいと思います。

良い本を普及させるためには、内容のすぐれた本を書く著者が必要です。「文章をつくることは思想をつくることであり、人間をつくることである」とドイツの哲学者ニーチェは言っています。

あなたは良い文章を綴る著者になること、それが良い読者を育てることになります。少しでも多くの人が良い本を手にするようになれば、日本の活字水準は上がりますし、活字離れにブレーキがかかることになりましょう。国際的にみても、日本の文化水準は高いところにあります。それなのに、昨今のように良書の出版物が減る傾向にあるというのは困った現象です。

教育的な立場から、出版社の立場から、物を書く人の立場から、読者、そして取次店・販売店の立場から、真剣に考えなければならない問題ではないでしょうか。

第9章　自費出版のいろいろ

自費出版の常連

すでに七冊のNさん　「死ぬまで自費出版をつづける」と頑張っていたNさんは、九十二歳になられてもかくしゃくとされ、七冊も自費で出版され、さらに八冊目にもとりかかられていたそうです。（朝日新聞から）

Nさんは旧制中学の英語教師の経歴があります。みずからの喜寿を記念して出版した自伝『こころ』を皮切りに、二年間に一冊のペースで本を書いていました。

自伝の出版後、『日米国交の起伏』を三部作にまとめて出版しました。非売品ですが、国立国会図書館はもちろん、居住地の市立図書館にも贈り、アメリカのエール大学や、カナダのトロント大学からも注文があり、アメリカ議会図書館にも納められたそうです。Nさんの出版物は国際的に注目されたのです。うれしいことですね。ちなみに、Nさんの出版費用は、恩給を全部充てていたそうです。

Nさんのほかにも、自費出版の常連といわれる人は多く、Mさんもその一人です。

Mさんはやはりご高齢でしたが、教師だった経験を生かして『和に生きる』を出版、教え子

を中心に、この「労作」を贈呈しました。Ｍさんは自作の反省として、

「若い人にわかるように、できるだけ漢字を減らし、古い表現を改めたい」

と言い、以後もこの点に注意して、後続の作品づくりにいそしまれました。

また別のＭさんは、禅学的考察による死生観『古今《こきん》寥寥《りょうりょう》』ほかを出版しました。「精神神経科医として、自分が生きたしるしを残したい」と次々に原稿を執筆されています。

ひときわ目立つ豪華本　豪華本とは、『国語辞典』（岩波書店）によると、「造本が特別立派な書籍」とされています。一般の書籍と比べたら、形も大きいし装丁、造本も立派なので、ひときわ目立つ本です。それだけに、つくるのにおカネも余計にかかります。

Ｋさんは『円空むさしのの足音』という豪華本を、昭和四十六年に発行しました。約八十ページの本で、英語圏の方にもわかるように、日本語と英語の説明がついています。

Ｋさんはこの本を出版した動機を次のように語り、うれしそうに笑っていました。

「円空さんの絵の本は、一、二冊しか出ていませんので、もっと円空さんの絵を多くのみなさんに知ってもらいたかったから、この本を出しました。埼玉のむさしのの熊谷で円空さんの絵が大量に見つかったので、鑑定してもらったら、これはすごいものだよといわれたのです。

有名な木彫の先生も気に入られ、ぜひ本になさいとすすめてくださったことも、私のはげみになりました。そこで、そんなすばらしいものなら、いっそ最高級品でということで、紙の一部はアメリカから取り寄せ、ケント紙の最高のものを使いました。部数は五百冊です。私はほかにも仕事があったので、仕事をしながらの本づくりは大変でしたが、それにもかかわらずこの円空さんはすばらしく、私をとりこにしました。この地獄絵図の迫力に満ちた表現技巧にはN先生もS先生も驚いておられるのです。この水墨画は、宗教から出た芸術だと高く評価されました。

この本を出したあと、朝日・毎日・読売新聞に紹介され、また数多くの雑誌社の方々が取材され、まるで代議士に当選したような気分でしたよ」

自分のつくった本が世間からそこまで高く評価されたのですから、うれしかったに違いありません。Kさんは、「あれ以来も、コツコツ調べたりしているので、歳をとる暇がない」と大笑いしていました。

書籍のうちでも最高の造本といわれる豪華本をつくることは、芸術愛好家はもとより、一般の人でも強く興味をそそられるところでしょう。

記念誌、郷土史、伝記もの

校史をつくる　Ｍ大学付属高校は、創立五十周年記念に学校史をつくりました。ひと口に五十年と申しますが、そこには当然いろいろな歴史があります。この校史の特色は読みものになっているという点で、ほかでよく見かける個条書きふうではないのです。内容にひとつの流れがあるので、生徒からもＰＴＡからも高く評価されたと聞いています。

五十年間の資料をもとに、歴代の校長先生の顔写真、学園祭、入学式、卒業式の風景などたくみに組みこまれ、ページを繰るごとに、その学校の変遷・歴史がよく伝わってきます。

現職の先生方が短い休憩時間や夏休みに登校して資料をあさり、原稿をまとめあげました。そうした努力の結晶が、一冊の本になったのです。Ｍ高校の生徒が、卒業生が、この立派な校史を大切にする本の一冊に加えたであろうことは疑いないでしょう。

十年を迎える学校なら十年史を、百年を迎える学校なら百年史をつくることをお勧めします。集めた資料が学校の歴史になり、本を開けば肌で親しめるすばらしい書籍になることでしょう。そしてまた、何十年後、何百年後に校史をつくるための土台になる貴重な資料として残ります。

立派な校史をつくる学校は、社会的評価も高まるでしょう。

企業のＰＲ誌を

創立当時は二、三人で始めた会社も、いまでは世界に名前の知れ渡った大会社に発展した、というような内容の本は、「偉人伝」のように読者の心を強く打つものです。

山梨県の民謡の「武田節」のなかに、「人は石垣人は城……」という文句があります。企業はいうまでもなく人の集団によって運営されています。石垣のようにしっかりした土台になって、城を支えています。「企業は人なり」といいます。まさに会社の業績は社員によって支えられているのです。現在の業績をより多くの人々に知らせ、理解を深めてもらうためにも、社業の全容と歴史を一冊の本にまとめる意義があると思います。

先日、私が体調をこわし、ある医院の待合室で順番を待っていたときのこと。子供にせがまれたその子の母親が、そこの本棚にあった『水のとどくまで』という本を読みはじめました。私もその子供と一緒に聞いていました。あらすじは、水がダムから家の水道の蛇口に届くまでを書いたもので、発行者は鉄パイプのＫ鉄工です。「おじさんたちは、水道がお宅の蛇口に届くまでのパイプをつくっているんだよ」と、会社のＰＲをしているものでした。とてもすばらしいＰＲです。

母親が読み終わると、子供は「フーン、すごいんだね」と、いままで知らなかった話を聞かされて満足の様子でした。

都内に供給されている水道は、もともと玉川兄弟が尽力してひかれたことは有名です。しかし、水道管は道路の下に埋められており、直接見ることはできませんが、さっきの話を聞いた子供は道路を見ると、この下にはあのおじさんたちが頑張って水道管が埋められているんだなと思うに違いありません。子供の社会勉強に役立つこのような企業のPR雑誌や本は、ほかにもたくさん見かけます。広告やチラシではすぐごみ箱へ捨てられてしまいますが、立派に製本されている本やお話になっている絵本なら、くずかご行きになることはないでしょう。

企業の実態を多くの人に知ってもらう、これはその企業の発展につながることではないでしょうか。

地域の産業をまとめる　自分の住む地域の産業を一冊の本にまとめた小学校の教師がいます。『朝日新聞』によると、静岡県の掛川市と小笠郡菊川町の小学生の先生方がグループで、「地域の産業を社会科の学習に」と、テキストをつくりました。静岡県といえば、お茶とミカンの有名な産地です。

テキストをつくった先生四人は、お茶にスポットをあて、生産農家や製茶工場、農協、問屋まで足を運び、流通の過程がよくわかるようにまとめました。評判がよく、そのテキストは静岡県内十六校で、社会科の授業に使われているとのことです。お茶産業の関係者も、このテキストが教材として取り上げられたことを歓迎しています。

また掛川市倉真小学校では、児童が『手もみ茶』という本をつくりました。小学校の子供までが地場産業に目を向けた本をつくっているのです。小学生は社会の時間に、しばしば「社会見学」といって工場や農家の見学に行きます。それは地域の産業を観察することを目的にしているのですから、掛川市の児童のつくったお茶の本のようなものができるきっかけになるでしょう。

北海道は乳製品・ジャガイモ・トウモロコシ、青森県はリンゴ、秋田県はハタハタ、岩手県は馬、新潟県は私たちの主食の米、群馬県は生糸、山梨県はブドウ・ワイン、愛知県は陶器や毛織物、三重県は真珠、和歌山県はミカン、兵庫県はお酒、中国山地は牛、広島県はカキ、愛媛県もミカン、鹿児島県ならサツマイモなどなど、北は北海道から南は沖縄まで、ここに書ききれないいろいろな名産品がありますから、郷土の産業に結びついた本ならいくらでも書けますね。

日本の食品基準は、安全性を考えてとても厳しくなっており、環境の面も配慮して農作物をつくっています。
北海道の人が「バターができるまで」を書き、鹿児島のだれかがサツマイモのことを文章にして、お互いに交換するようにしたら、きっと楽しいでしょうね。

郷土史をつくる　あなたのお住まいの地区には、それぞれ古い歴史があります。郷土史を出版される方は、自費出版のなかで割合多数を占めています。本を作った方々は一様に「郷土史をつくり、市長（町長）さんに感謝されました。また郷土のことをもっと知りたいと願う一般の人々にも読んでいただき、大変喜んでくださいました」と言います。
住んでいる土地の歴史を知る――それは住民にとってひとつの誇りでしょう。これからもどんどん郷土史が出版されるといいですね。

家の記録　自分の家の祖先は何をしていた人だろうか、とはだれしも考えたことがあるはずです。Kさんは、K家の記録を本にしました。はるかな昔、先祖が九州から東北の左沢《あてらさわ》に住みついたという記録はあるが、その後どういう変遷をたどってきたのか。出版されたKさんは「まえがき」に、「伝記ものは、数えられないほど私の書斎にもころがっている。いずれも関係者からの寄贈品だから、一応パラパラと読んだり、見たりして、すぐ本棚に納める。そのあとはすっかり忘れてしまうが、何かある機会に、必要があって読み直すと、新発見が次々と出てくることに気がついた。やはり貴重な本。古希を迎える年齢を意識して家の記録を出し、親類・身内間に残すことに踏み切った」と書いています。

Kさんの弟さんは、四十年も前から、参考資料を集めたり、メモを書いてためたりしていましたが、戦争や疎開騒ぎで、大半を失ってしまいました。しかし残っていた父親の句集や古い写真を他の兄弟が整理し、Kさんが音頭をとって『K家の記録』全二巻を出版されたのです。

一冊は家の記録を中心に二百三十余ページ。別冊には父親の句集が七十余ページにわたって収められています。装丁は画家の三男が担当、表紙は白と黒のコントラストを生かし、中央には金で家紋の箔押しをデザインし、見返しには落ち着いた赤。なんともいえぬセンスのよさを感じさせます。全体に実に巧みにできていて、家系の気品がただよう雰囲気です。

亡母の七回忌になんとしてでも間に合わせようと日曜、祭日を返上、兄弟力をあわせて原稿整理や編集、校正とすすめた結果、念願どおり本は期日に間に合い、好評だったということです。

資料づくりに四十年もかけられた並々ならぬ努力は、これから家のことを出版したいと考えておられる方々の参考になることでしょう。ぜひお手本にしていただきたいところです。根気をもって、じっくりと資料集めに取り組まれるなら、必ず良い結果が得られるからです。

個人の伝記をつくる

有名な人の伝記は数多くあります。私が子供のころ読んだ偉人の伝記は、最後のページを閉じると感激して涙の出るものもありました。

戦後ハダカ一貫からはじめて、いまでは立派に名を残している有名な方が数多くいらっしゃいます。あなたの周りを見まわして、伝記を出すのにふさわしい方はいらっしゃいませんか。ここでは、人物伝を自費出版されたN社の話をいたしましょう。

N社のH社長が亡くなりました。N社は発足して八年、主たる事業は新聞発行でした。社長の葬儀の日、一周忌までにH社長の人物伝を出版することに決まり、早速準備が開始されました。たった一年間で、八百ページを超える大作をつくりあげたのですから、関係者一同、大変忙しい日程をこなしたわけです。しかも、本業をもつ傍ら――でした。

まず、N社の社員で、H社長について詳しかったWさん、Tさんなどで刊行会を発足させ、原稿整理を手がけました。幸いWさんもTさんも通信社の出身だけに、資料を集めだすと極めて正確なものを、素早く集めました。その手際のよさには、さすがと感心させられました。

Hさんは太平洋戦争末期、日本がポツダム宣言を受諾することをいち早く電波に乗せ、世界中に報道した人です。日本の歴史上、忘れることのできないニュースマンであり、国際的なジャーナリストでもありました。

伝記の内容は、H氏の少年時代にはじまり、学生時代の逸話、社会人になってからの通信社での活躍ぶり、勲一等を受けたことなどを綴り、つづいて、福田赳夫元総理大臣をはじめ、故人ゆかりの方々からの思い出の記を載せ、さらに遺稿集、年譜を入れ、立派な出来栄えとなっています。

こうして、刊行会メンバーの努力により、故人の一周忌には予定通り出版され、一周忌当日には、ホテルでパーティーが開かれました。この席で、ある方が、

「H伝を読むことによって、Hさんと対話ができ、その教えを受けることができました」と言っていました。亡くなった方から教えを受けられるのは、それがあとあと、いつまでも残る本になったからでしょう。

あなたの周りに、先生や社長、会長、祖父母など、ぜひ人物伝を刊行して残しておきたい方がありましたら、記憶の鮮明なうちに資料などを準備しておいてください。

故人の追悼集　故人の追悼集を出版する場合も多いものです。親類縁者が費用を分担し、出版に参加するケースも目立ちます。

追悼集には、故人の思い出を二、三ページ分ずつ執筆してもらうのですから、親類縁者の多い方でしたら、一人分にかかる費用は少なくてすみます。

Ｉさんは、六人兄弟の三番目です。兄弟全員で相談の結果、亡父の追悼にと、『わが父を想う』という本を出版しました。著者は子供一同とすることとし、製作会議を何回か開きました。

「この本をつくったことによって、今まで以上に兄弟が仲よくなり、嫁さん同士も交流するようになりました」

と、親類関係がより親密になったことを喜んでいます。Ｉさんのように、親類、兄弟が力をあわせて出版するケースもあります。

また恩師の追悼集を出版したＳさんは、「この本によって、先生の世界を一歩も二歩も深く知ることができました。

追悼集は個人でもグループでもつくることができます。亡き人を慕う、慕われる――そこにはすばらしい人間関係、美しいこころのふれ合いを見ることができます。

追想記の出版例　Nさんは書くことが好きで、自分で六冊も出版された方ですが、自身の表側は、人に見せすぎるほど見せてきましたが、裏側は見せたことがなかったので、ひそかに自分の「秘密集」をつくることを決心されていたようです。

Nさんは多趣味な方で、短歌、散文、随筆、小唄、華、似顔絵、柔道、ゴルフ、なんでもござれの多芸ぶり。それに旅行も好きだし、旅行先でも書くことが好きで、どこにいても、「わが人生退屈知らず」といったおもむきだったようです。そのNさんが亡くなり、未亡人が出版の相談に見えました。

「主人亡きあと、古いものを整理しておりましたら、こんな作品を出そうかと、序文まで書いたものが出てきました。十八年も前のものです」

内容は短歌・詩・俳句・随筆・似顔絵など、バラエティーに富んでいました。Nさんは序文で、「似顔絵は、会社を首になったら、銀座の街角で似顔絵描きでもやろうかと思っている」と書いているだけあって、玄人はだしの出来栄え。モデルになった人もさぞや満足するだろうというような作品でした。似顔絵のあとに追想記があり、八人ほどの方がおのおの三ページぐらいずつNさんの追想を書いています。装丁はNさんの版画を利用し、お嬢さんがつくりました。家族の協力で、箱入り上製本ができ、一周忌に親類、知人にさしあげたところ、すこぶる好評だったそうです。

ご主人の亡きあと、その方の追想記を奥様とお嬢さんが出版する。この本にはご主人が、父上が生きつづけているのです。すばらしいことです。

職業を生かして

大学教授なら　あなたが大学の先生なら、学生対象の教科書や副読本をつくられてはいかがですか。教科書は定価をつけますから、いわゆる自費出版の部類には入らないかもしれませんが——。

ある大学教授は、『科学の限界と日本の教学』を発行しました。教科書のテキストとなっていますが、これが試験の前になると、必ず「すぐ入手したい」と言う学生が出てくるのです。「教授が、この本だけは試験場に持ち込んでもいいというものですから、すぐ買いに行きます」

ご自身の教科書なら、研究された分野に大きなスペースを割くこともできるでしょう。授業で使うばかりでなく、実験用のテキストブックをつくることもできます。理科系の学生にはつきものの化学実験には多くの薬品が使われます。活字になったものを渡され、講義を聴くことによって、学生側はより正確に内容を理解・把握できるでしょう。メモ欄などを設けておけば、薬品反応の状態や実験の結果などを書き込むこともできます。

大学教授のKさんは、法律はわかりやすい、といった内容の本を出されました。これから法学を専攻しようと考える学生のために、豊富な具体例を挙げて書かれた入門書です。ゼミのときに使うそうです。

教授自身の研究論文を本にされることは、教授自身がより高く評価されることですから、ぜひお勧めします。

K教授は『友情の樹々』を自費で出版されました。同教授はアメリカのコロンビア大学を卒業しましたが、その卒業記念にとサクラの苗木を同大学の校庭に植えて帰国、女子大で教職に就いていました。コロンビア大学から届いた便りによると、教授の植えたサクラは、毎年四月になると見事な花を咲かせているのだそうです。K教授は、

「いまから五十年近くも前、コロンビア大学で教わったことが、私の人生を大きく左右しました。

そのときの体験を、いま自分の学生たちに生かして教えていますが、当時の思い出を残しておきたい」と本にまとめ、同時に英文で『The Trees of Friendship』を出版しました。

それからしばらくして先生は勲二等の栄誉を受けられました。

大学教授のなかには、数多くの本を出し、マスコミの人気者になっている方も多数いらっしゃいます。そのような方は本を書くことをライフワークとされているでしょうが、まだ一冊も出版されていない先生は、研究成果をぜひ活字にしてください。大学教授の頭脳は知識の宝庫です。その知識を一般に公開してこそ「知識の博物館」は生きるのです。また将来の日本を背負って立つ教え子のために、研究の成果をまとめておかれることも一種の「義務」ではないでしょうか。

内容の充実した本を出版されることは、最高教育に携わる大学教授が最も力を入れなければならない分野ではないでしょうか。


K病院長の『藪日記』 いつの世にも病は絶えません。

「もしぼくが神様だったら……(中略)病気の人には良い薬をのませてあげる」という詩があります。病人を治すために治療をし、薬を与えるのは医師の務めですが、勲三等瑞宝章を受章されたK病院の院長が、自費出版するからと、段ボール箱五個にいっぱい原稿や資料を入れて持参されました。そのおびただしい量の原稿は、院長が中学生以来書きつづけた大量の日記、小論文、随筆、研究論文などです。そのなかから一部を抜粋して『藪日記（上）』とし、下巻には若干の写真とともに、東京で勉強していたころの筆者に寄せた父母の「愛情の便り」（原文のまま）、随想、幼年時代から青春時代の思い出が載っています。申し遅れましたが、上巻には研究論文、その他医師の立場での医療問題や病院の災害対策設備の問題や、世界医師会総会に出席して感じたことなどが満載され、上下巻あわせて、A5判、五百ページを超える豪華なものになりました。

この本の大部分は中学生のころからの日記や手紙で占められています。あなたも、あなたの日記があれば、それは大切に保管しておかれるとよいでしょう。後日必ず役に立ちます。

またS医師は、前記K院長と協力して、論文集『成人内科』を発表されました。この本は、社会で大いに活躍されている一般の方々を対象に、成人病とはなにか、その療法は？といったことを理解してもらう助けになれば——とする立場から執筆されたものです。わずか二十ページほどのパンフレットですが、装丁は優雅に大空をとんでいる二羽のツルになっています。

病気を望んでいる人はまずありません。「こうしたら病気知らずで一生過ごせる」式の一般向けの本も、医師なら書くことができるでしょう。家庭に常備しておく手軽な医学書や育児書、病気やけがの場合の簡単な手当て法や、はじめての妊娠で不安な女性のための出産までの心構えなどについても、医師でなければ書けません。アレルギーについて、鼻の病気について、ガンの予防法についてなど、本にできる分野は限りなく広いといえます。

あなたが歯科医師なら「むし歯のない、ピカピカの歯にするために」といった本を書かれたら、世のお母さま方を喜ばすでしょうし、もしあなたが皮膚科の専門医なら「休日の過ごし方によって水虫を治す方法」といった本などを手がけられたらいかがでしょう。もちろん、これまでも病気に関する類書はいくつも出ているはずです。しかし、医学、科学は日進月歩。新しい知見は次々に出てきます。それを専門家の立場でわかりやすく解説・紹介するのも、医師の役割ではないでしょうか。

病人食・美容食のつくり方を

あなたが栄養士さんなら、毎日の食事の本などはいかがですか。

私たちは食事にあたって、毎日同じものを食べているわけではありません。人間仮に七十年生きるとすると、その間に約七万五、六千回は食事を摂ることになりますが、その食事はふつう、いくつかのメニューを交互に食べるわけです。「旬の材料で季節を盛りこんだ、健康によい料理の作り方」といった本をお書きになってはいかがでしょう。

昨今は、若い女性を中心に、太らないために日夜いわゆるダイエットに努めている人が多いようです。また欧米の中年女性が日本食は太らないという理由で、すしをはじめ魚から納豆までもが人気になっているということもよく聞きます。書店には、食べてやせる本や、低カロリー食に関する本が数多く出回っています。そこで、何を食べずにいれば太らず健康によいか、美しいプロポーションを維持できるか、といった食事と美容に関する本を書かれることもひとつのテーマになりましょう。

病人はいつの世にも多いものです。ぜいたくな病気のひとつともいわれている糖尿病患者のための食事、腎臓病や循環器病の人のため、あるいはそれらを予防するための食事など、食事療法によって病気の悪化を防ぎ、健康を保とうとするようなテーマも、本を書く目標のひとつでしょう。タンパク制限、塩分や糖の制限など、病人の食事をつくるのに頭を悩ませている方々のための手引書も歓迎されるでしょう。

タンパク質、ミネラル、糖質、脂質、食物繊維などをバランスのとれた配分にし、こうした食事を食べていれば成人病は防げる、というような献立を考えることは、医療関係者や栄養士さんたちの最も得意とされる分野でしょう。

食事の摂り方によって性格も変わってしまう、といった内容の本などはいかがですか。いらいらやヒステリーは、カルシウムが不足すると起こるとも言われていますね。

健常者を対象とした、正しい食事の摂り方といったような本もどしどし出版してほしい本のひとつです。

趣味の本はいかが?

短歌や俳句に趣味をお持ちなら　三十一文字を連ねて短歌をつくる趣味の方は少なくないようです。私もちょっと気どって、五七五七七と並べてみました。字あまりや出来栄えはほおかむりして。

自費出版　苦労多いが　できてみて
　手にとるときの　重みうれしく

『短歌とともに』という一冊の本をいただきました。批評、感想文の形になっていて、作品は著者の周辺の実作者百人からとくに選び出した原歌を載せ、現代仮名遣いで、そのとなりに著者の評を添え、B6判、百九十八ページの本になっています。これは、短歌のグループの方々にさしあげれば、とても喜ばれたのではないかと思います。

短歌や俳句の愛好家には必ずグループがありますので、出来上がった本を読んで、今後の励ましとすることができるでしょう。

「古希を迎えるおばあちゃまが書き綴った短歌があるので、それらをまとめ、整理して出版したいんですが……」と、Tさんという方が相談にこられましたが、なんとも親孝行な話ではないでしょうか。

俳句を趣味にされる方も多いものです。五七五、わずか十七文字のなかに天地自然を壮大にうたい上げる。季節感あり、情緒あり、まことにすばらしいものです。「我流」と謙遜《けんそん》しながら、長年にわたって詠みつづけてきた作品をまとめて、出版される方も少なくありません。

旅行好きな人なら　旅行が趣味、という人は実に多いものです。旅は新しいこととの出会いの連続で、脳の老化を防ぐのに役立つそうです。毎日同じものを見、同じことを考える生活から離れるには、旅はまことによいものです。しかし旅先で、夜はマージャンや酒盛りで徹夜、その疲れで日中寝てしまう、ということでは、なんにもなりません。みずからいろいろ見てみよう、土地の人に、その地の歴史なり伝説なり、産業なり、その他なんでも聞いてみようという心構えをお忘れなく。――とまあ、お説教はこれくらいにして、たしかに旅先では、見るもの聞くもの、すべてが新鮮です。見知らぬ土地で突然、すばらしいアイデアが浮かぶことが多いものです。

旅先では日記をつけましょう。そのときにはよく覚えていても、少し時間がたつと、案外記憶があやふやになるものです。また絵はがきはもちろん、ホテルのパンフレットや、訪れた美術館などで使い終わったチケットなども、持って帰るとよいでしょう。後日すばらしいトラベル・エッセーがすらすら書けるカギになるかもしれません。

海外で住んだ経験のある方は、それを材料に貴重な体験記が綴れるでしょう。生活様式の違いなどは、数日だけの滞在者と違い、広く深く観察しているわけですから。

海外へ転勤になることは、その国の生活、風習などにひたることができ、肌で感じた体験を、十分作品に織り込むことができましょう。自分の考えや感動したことなどを、素直にペンに託すことができる絶好のチャンスでもあるはずです。

写真の傑作があるなら　いまどき、写真を撮ったことはありませんなどという人は、おそらくいないでしょう。それだけ写真は一般化し、生活のなかにとけこんでいるのです。それに近年のデジタルカメラの普及で、フィルムは不要になりつつあり、画像は小さなフロッピーやディスクにデジタル信号として記録されます。現像処理はパソコンなどの電子機器で行い、画像は直接画面に映し出されます。必要なら、そのまま、あるいはトリミングや濃淡、色補正などの処理も電子的に操作でき、接続されているプリンターから写真画像として取り出せます。画質はいまやフィルム写真と比べて、勝るとも劣らないほどに向上しています。それが家庭ででもできるのですから便利になったものです。

しかし、写真の中身、内容の良しあしは、撮る人の技術・芸術的センス・シャッターチャンスなどによって決まってきますから、フィルム写真でも、デジタル写真でもその点は変わりありません。どちらで撮っても傑作か駄作かは機器の進歩からは決まりません。どちらにしても撮影の腕を磨いて、傑作をものにしたいものです。

撮った写真は整理してアルバムに収め、折にふれて眺めるのは楽しいものです。これらをさらに一歩すすめて、本にすれば、立派な写真集ができます。

有名人を追っかけて撮るのが趣味だったり、生活感のある人物写真、野山の花、鳥などの動物、仏像、古いお寺、山岳、海、建造物などを好んで被写体に選んだりする人もあり、写真の趣味もいろいろです。

最初から出版を目的に撮るカメラマンもいますが、長い間に撮りだめしたのを一冊の本にまとめるのも、知的な試みでしょう。装丁から内容までのすべてを自分の作品で埋めるのですから、どこにもないユニークなものが出来上がるでしょう。

写真集には個々の写真に簡単な説明（キャプション）が要ります。ほかにそれを撮った意図や周囲の状況の説明、登場人物の言葉、いつ撮影したかなどを、達意の文章で表現できればひとつの芸術的作品として、評価は高まるでしょう。

写真集に使う写真は、ピントがずれていたり、明暗のコントラストが悪かったり、色のバランスが狂っていては、使いものになりません。フィルム写真の場合、ネガやポジのフィルムに傷がついたりかびが生えたりすると、やはり出来上がりがきれいになりませんので、保管中に傷やかびが生じないよう大切に扱いましょう。デジタル写真の保存は、記録媒体に電気信号として記録されているので、ほとんど劣化の心配はありませんが、フロッピーやディスクを強い磁場のなかに置いたり、破損させたりすると、大事な画像データが失われて再生できなくなりますので気をつけましょう。

書きためた作品をまとめる　あなたが新聞、雑誌に投稿して入選、あるいは採用された作品を集めて、一冊の本にするのはいかがですか。新聞の投書欄に採用されることに生きがいを感じ、せっせとペンを走らせるマニアも多いようです。

入選した作品には、採用された新聞や雑誌の名前、発行年月日などのほか、その時代の背景、大きな出来事などを書き加えておくと本にまとめた場合に、読み手の理解が深まるでしょう。

ページ数が不足するようなら、どこかに提出した小論文、同窓会誌に寄せた小文、先輩や同僚の葬儀の際の追悼文・弔辞なども、立派なあなたの作品ですから、収録するようにしたらいかがでしょう。

イラスト集を出版　出版会の情報では、雑誌や書籍にカットやイラストを多用する傾向があるといわれ、その方が読者にうけているということです。ビジュアル化時代ですからイラストはこれからもますます増えることでしょう。映像文化がすたれない限り、隆盛の方向に向かうことは間違いありません。

以前、甲府に住む当時大学生だったTさんは、趣味でイラストを描いていました。美術学校に通っていたわけではありませんが、マンガが好きで、せっせと筆を運んでいました。高校生のときから描きつづけていた作品が、スケッチブックに五十冊もたまりました。

「そんなにのめりこんでいたので、大学は第一志望校には入れず、第四志望の大学に入学しました。でも、スケッチブックの量を見て、おやじったら、おまえの二十歳《はたち》の記念に本にして出してやる、と言ってくれたんです。うれしかった」

彼はそのスケッチブックをかかえて来社しました。原稿にはところどころ赤鉛筆を使ったイラストもまじっていました。印刷するときは、印刷効果も考えなければなりません。赤を使ったりするとそこだけボヤーとしてしまいます。イラストはそのまま写真に撮って出版することになりますから、できるだけきれいに仕上げるには、黒が一番です。Ｔさんには、赤で書かれた部分を黒で描き直してもらい、イラスト集をつくりました。

Ｔさんと同じときに出版の相談に来ていたＯさんは、Ｔさんのイラストが気に入り、自分の出版物に五枚ほど、Ｔさんのイラストを載せました。これはＴさんにとって思わぬ喜びであったため、「これからもますますイラストを描きたい」と張りきっていました。

研究を発表する　サラリーマンであるＫさんは、自然科学と宗教に興味をいだいて、両者の統合整理を試み、新しい次元の宇宙観を完成させたいと励んでいます。学者でもない平凡な一市民が長い人生のうちで経験したこと、あるいは自分の考えをまとめ、一冊の本にされたのです。

内容は、不思議について・ものの見方考え方・科学の限界・私とは何か・異次元への導入・

見える世界・見えない世界・心について・記憶と認識・心霊神の次元・存在について・生と死・命についてなどです。本文二百十ページ、表紙には布を使い、ビニールのカバーをかけました。注文がはいったとき、書店で求められるよう定価もついています。

あなたも、何か気になる、あるいは興味をもてるようなものがあったら、自分でそれを研究し、まとめて発表されたらいかがでしょうか。

善本社の扱う自費出版物

自費出版とは、自分の費用で賄う出版のことです。自費出版はそんなに面倒なことではありません。私どもは、皆さまのお考えを聞き、手際よくまとめるようお手伝いをしています。

これまでに当社で発行した出版物と著者について、ご本人の一言を添え、その一部をご紹介します。

『白い軌跡』（東海林　豊）

村落から四キロほど離れた野原のなかに、電灯もないランプ生活のわが家があった。最上川を望む絶景のなかにあって、ここは子供にとってユートピアそのものであった。二十ヘクタールの耕地に桜桃、葡萄、西瓜、甜瓜のなる収穫時に、山形市内に住む妹弟たちはこぞって遊びにきた。その後一家は移転、懐かしい思い出だけとなってしまった。父の一周忌の法要の際、いとこたちから「兄さん、本家の長男として一つ昔のことを書いてけらっしゃい」とせがまれ、七カ月メルヘンとノスタルジアの世界に浸った。

『運・鈍・根』（浅野献一）

このたび自叙伝『運・鈍・根』が、善本社から出版された。自叙伝はとかく自分を美化しがちなものである。本書は元来、他人に見せるつもりで書いたものではないので、誤解や失礼な点、専門過ぎて理解し難い点などが、多少あることと思うが、大正十四年生まれの私が激動の昭和時代とともに歩んだ個人の歴史を記述したつもりである。題名の由来は、良き師友を得たことは運であるが、資質は鈍であることを自覚して、根気よく自分を磨かなければ人間大成しないという理由からとった。

『富士子抄』（菊地凡人）

満八十歳記念という意味で、第二句集を上梓《じょうし》したが、はしなくもそれは昨年一月に亡くなった妻・富士子への鎮魂の句集となってしまった。原稿整理の段階では題名も決めていなかったが、善本社の勧めもあり、あえて『富士子抄』とした。句集の作製の一切を善本社にお任せしたが、装丁はじめ製作全般に対する善本社の良心的かつ真摯《しんし》な心配りには、心から感謝している。お陰で句集の評判も上々、あらためて善本社から上梓してよかったと思っている。

『新被服学概論』（酒井哲也）

印刷された文章は、輝いて見える。自分の文章が自分のものでないように見える。自分の子供もいつのまにか成長して、一人の人間として旅立っていく。教え子が個性を主張するように、印刷された文章は筆者を離れて勝手に歩き出す。うれしいような、寂しいような一瞬である。今回、善本社さんに製作していただいた本は、新入生とどのような出会いをするのだろうか。しっかり読んでもらい、かわいがってもらってほしい。（大学教授）

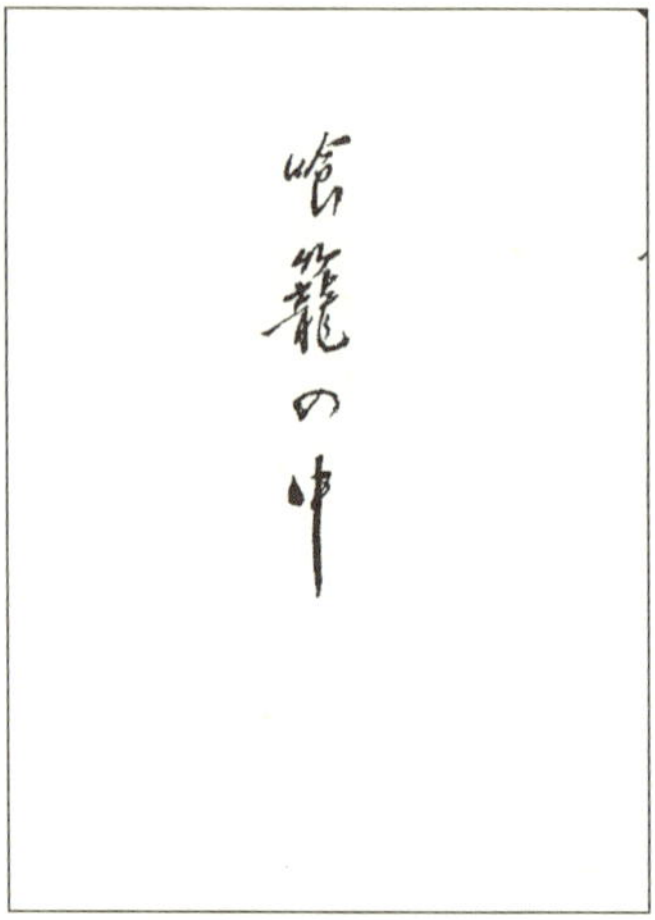

高野武雄
人間になれ
而して
技術者になれ

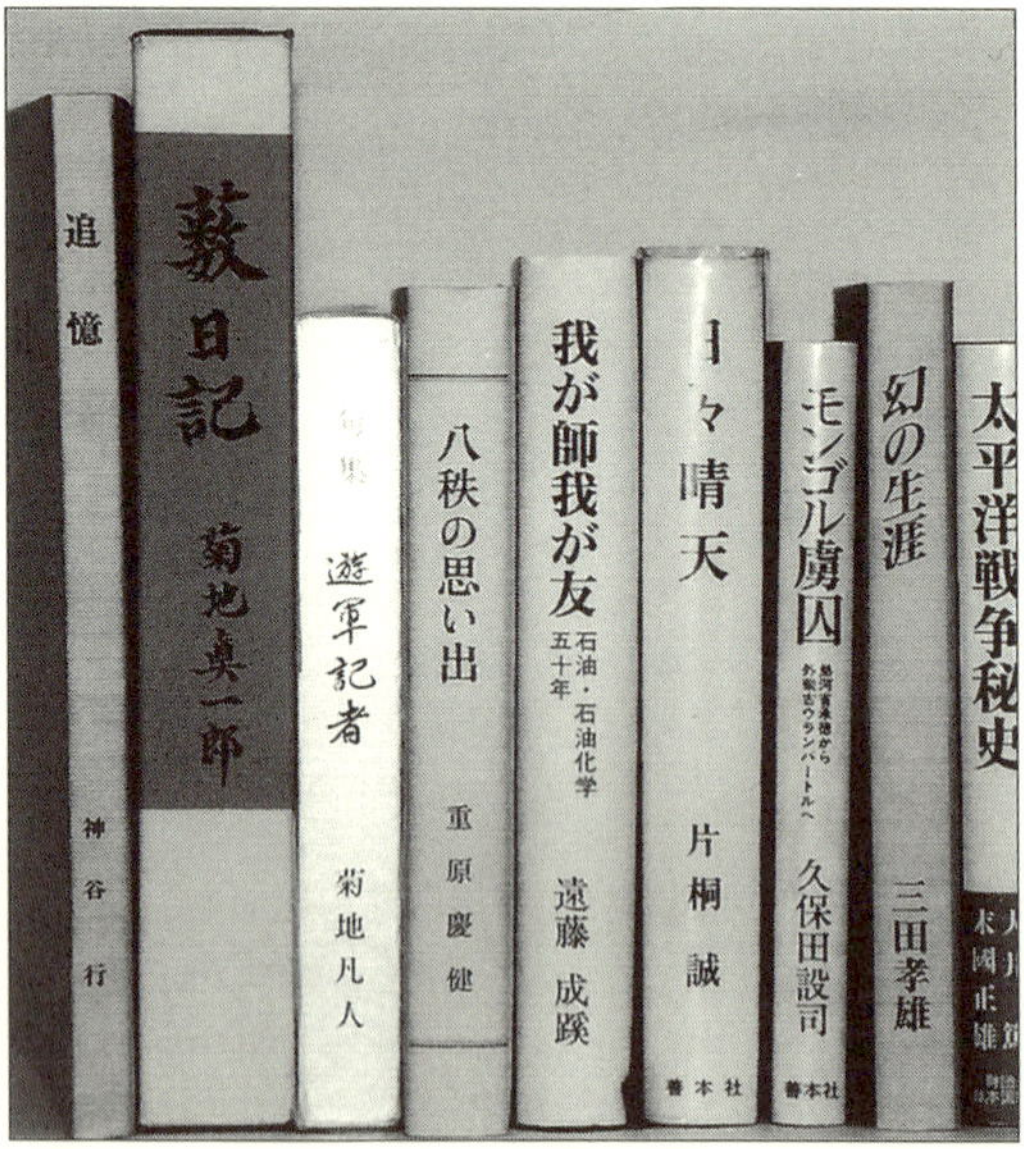
追憶
神谷行
藪日記
菊地眞一郎
遊軍記者
菊地凡人
八秩の思い出
重原慶健
我が師我が友
石油・石油化学五十年
遠藤成蹊
晴天
片桐誠
善本社
モンゴル虜囚
久保田設司
善本社
幻の生涯
三田孝雄
太平洋戦争秘史
末國正雄

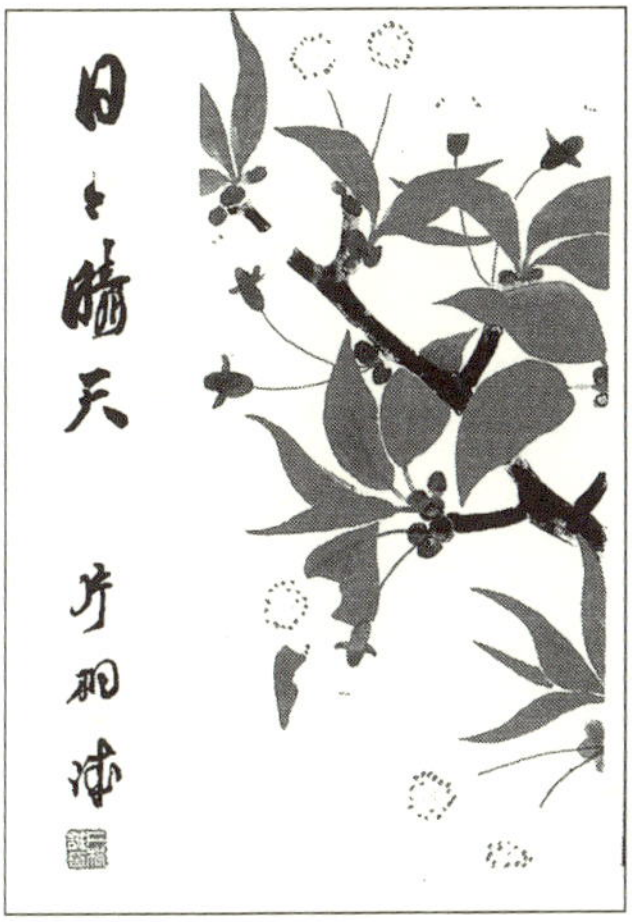
日々晴天

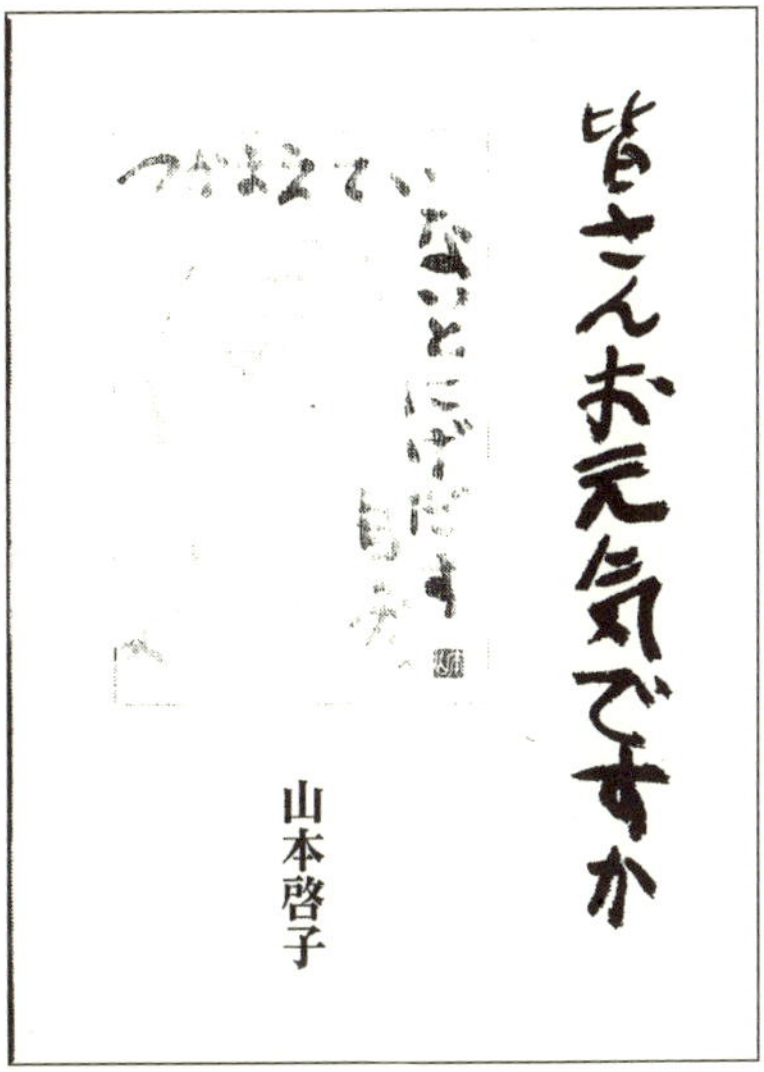
皆さんお元気ですか
山本啓子

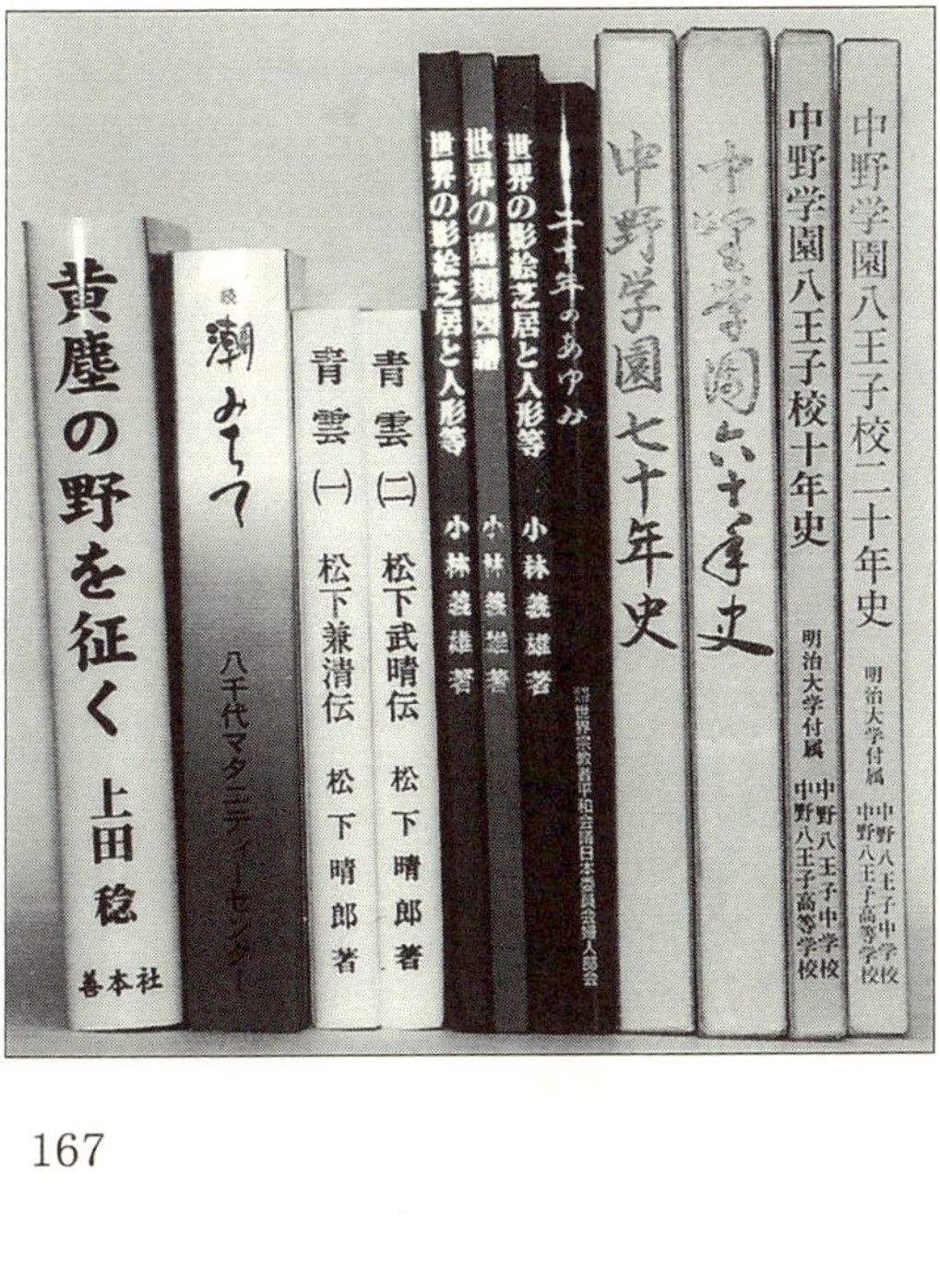
黄塵の野を征く 上田稔
善本社
潮みちて
八千代マタニティーセンター
青雲(一) 松下兼清伝 松下晴郎著
青雲(二) 松下武晴伝 松下晴郎著
世界の影絵芝居と人形等 小林義雄著
小林義雄著
世界の影絵芝居と人形等 小林義雄著
二十年のあゆみ
中野学園七十年史
中野学園六十年史
中野学園八王子校十年史
明治大学付属 中野八王子中学校 中野八王子高等学校
中野学園八王子校二十年史
明治大学付属 中野八王子中学校 中野八王子高等学校

新墾の丘
坂本祐一

A SWING AT GOLF
ゴルフが開く世界の窓
奈良橋一郎

天理教高安大教會史
人間になれ而して技術者になれ
高野武雄
木内信胤語録
白い軌跡
東海林豊
創立五周年史
明治大学付属
中野八王子中学校
中野八王子高等学校
日々晴天
片桐誠
追悼集
追想
神谷行
遊軍記者
菊地凡人

夢ぱずる
翠

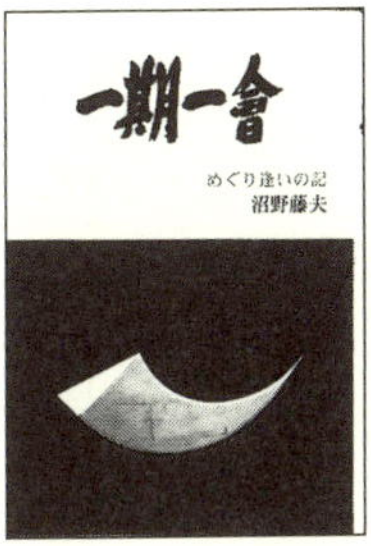
一期一會
めぐり逢いの記
沼野藤夫

運・鈍・根
浅野献一

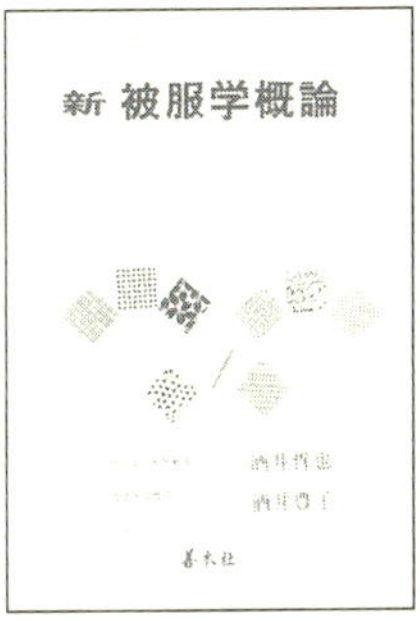
新 被服学概論

フード
サイエンス
FOOD SCIENCE
大野信子
BASIC

星の世界から
鈴木孝悦
鈴木綾子

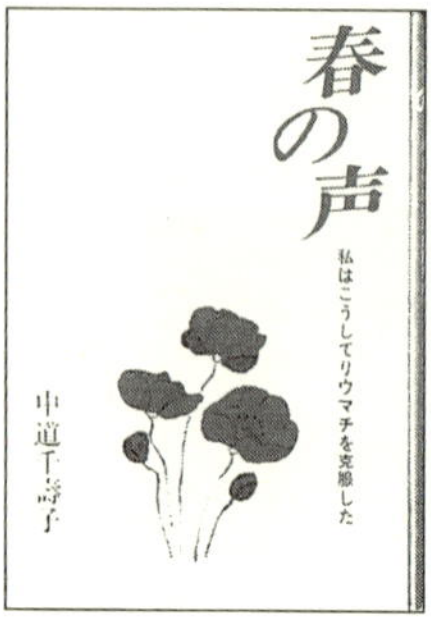
春の声
私はこうしてリウマチを克服した

岩手の妻
安子を偲ぶ
井草憲太郎

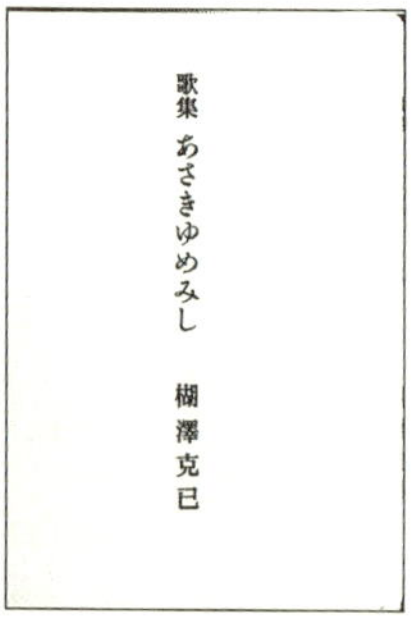
歌集
あさきゆめみし
楜澤克巳

山岡荘八著
秘録小説
人間魚雷「回天」
Ningen Gyorai KAITEN

続
潮みちて
八千代マタニティーセンター開設十周年

Constantinople
コンスタンチノープル
高野 武雄

あとがき

私はこの本を書くために、何十冊かの文章作法の書を読みました。作家やライターが言葉を研究されているのは、きのう、きょうに始まったことではなく、長い歴史があります。そしてますます文章というものの奥の深さを知り、私自身勉強する余地が大いにあると感じています。

文章作法の本はたくさん出版されているのに、本にするまでの方法、手順について書かれた書物は少ないので、この書のなかで、私は現場に起こる実例を多く取り入れました。書店の話、製本の話、実際にはじめて本を書いた人の話など、生の声が多く含まれています。それらが少しでもあなたのお役に立てば幸せです。

本書を発行するにあたって、善本社社長・山本三四男氏、編集担当の吉岡伸哲氏・奥地幹雄氏、そして最後まで励ましてもらった主人、それにこの本を書くための取材に快く応じてくださった人びと、印刷、製本、運搬の方々らに感謝します。こうした多くの人々に支えられ、この本をつくることができたことをなによりも幸せと思っています。

この本を読んで、これから本を書こうと考えられた人々に、私からの期待をこめた熱いメッセージを送ります。

「あなたもこの幸せをつかんでみませんか」

手塚容子（てづか　ようこ）

日本国籍。1950 年名古屋生まれ。
1973 年和洋女子大学文家政学部卒業。栄養士・中高教諭資格取得。
同年善本社に入社。現在同社で取締役、企画、自費出版部門担当。同盟クラブ会員。
杉並に在住して 30 年になる。2 児の母。
著書に「出版する時したい時」

今、出版が面白い
―史実を本で残そう―

平成十八年四月　四日　印刷
平成十八年四月十四日　発行

著　者　手塚容子
発行者　山本三四男
印刷所　善本社事業部

東京都千代田区神田神保町一―一八
〒101-0051
発行所　株式会社　善本社
電　話　〇三―三二九四―五三一七
ＦＡＸ　〇三―三二九四―〇二三二
振　替　〇〇一九〇―一―一一九五五七

ISBN 4-7939-0437-8

前立腺癌を克服して　中老年の健康考　鶴岡信一
前立腺癌は男性にとって秘密の病気だったが、予備軍と発病者の参考になる。四人の病院の先生の言葉と83歳になる著者の手術前後の奮闘随筆。　4-7939-0435-1　本体1,500円＋税

保守の逆襲　日本に襲い掛かる悪魔との闘い　渡辺　眞
日本の精神を無視したジェンダーフリー、子供権利条例、教科書採択制度、過激性教育の問題と闘う、日野市議会議員の実録。
4-7939-0433-5　本体1,600円＋税

健康こそ万病の妙薬　石原結實
現代人の食生活がヒトをダメにしている。人は元来歯を見れば分かるように、穀物・菜食中心の生き物である。台所こそ「健康と愛と幸福」のキーワードである。　本体1,200円＋税

歴史絵本聖徳太子と四天王寺
監修・瀧藤尊教　文・山本和子
聖徳太子が摂政に任じられると、隋國との対等外交の展開、四天王寺の建立、十七条憲法の制定など、その業績を絵と文で分かりやすく紹介。　4-7939-0429-7　本体1,000円＋税

以和為貴（和を以って貴しと為す）
聖徳太子の信仰と思想　瀧藤尊教著
十七条憲法・仏教興隆により国を治め、中国と対等の外交を樹立された聖徳太子。大和の精神を学ぶと共に、今の時代の指針となる。
4-7939-0384-3　本体1,500円＋税

一度っきりの人生を生きる　小籔英著

人生、教育、家庭、心の問題など生きる指針を見失ってしまった現代人に、もう一度、生きる糧を見いだしてほしいと願う心の羅針盤。

4-7939-0359-2　本体 1,048 円 + 税

詩集　一人のために　安積得也著

人間、だれ一人として必要でない人はいない。純情熱烈な詩人である著者があなたに生きる喜びを与えてくれる。

4-7939-0011-9　本体 1,340 円 + 税

権　威　後藤静香著

著者は社会教育開拓者の一人。同時に社会福祉の先達。ひたすら天の声をききつつ書きとめた修養の書。失望しきった人々を奮い起こさせる。　4-7939-0401-7　本体 1,143 円 + 税

楽　園　後藤静香著

逆境は「人間をきたえる。同情心を豊かにする。奥行きのある人間を作る。」ふまれても根づよく忍べ道芝のやがて花さく春は来ぬべし（本文）　4-7939-0175-1　本体 1,000 円 + 税

生きる悦び　後藤静香著

家庭生活、交友関係、旅行、労働、教養、自然、善意、日本の前途など生きる悦びを九つの面からとらえ、天の声を収録する。

4-7939-0174-3　本体 1,000 円 + 税